Manuela Oetinger: Gedankenkräfte

Manuela Oetinger

GEDANKEN KRÄFTE

Wie Gedanken das tägliche Leben prägen

Aquamarin Verlag

Deutsche Originalausgabe
1. Auflage 2012

Voglherd 1 • D-85567 Grafing
www.aquamarin-verlag.de

Umschlaggestaltung: Annette Wagner

ISBN 978-3-89427-595-2

Druck: Bercker • Kevelaer

Inhalt

Einleitung

Die Welt befindet sich im Wandel. Das Licht bricht sich Bahn, und wir selbst können uns in dieser rasanten Übergangszeit eine liebevolle Ausstrahlung erarbeiten und erhalten. In der Erkenntnis der tiefen Wahrheit hinter den nur scheinbar offensichtlichen Dingen sind wir in der Lage, die damit verbundenen energetischen Vorgänge bewusst wahrzunehmen. Wir sind kein Spielball der Dunkelmächte, sondern durchaus in der Lage, unsere eigene Persönlichkeit auf die „Rollbahn der Lichtwellen" zu führen. Dieser Weg wird uns tragen und leiten und uns sicher durch die Wirren dieser Wandlungsphase auf Erden hindurchführen.

Seit Menschengedenken hat man versucht, die Kraft der Gedanken zu ergründen. Warum denken wir? Warum sind wir hier? Warum denken manche Menschen positiv, manche dagegen negativ? Was steckt dahinter? Wie lässt sich die eigene Schwankung bei der Auswahl der Gedanken erklären? Denken wir selbst oder sind uns gewisse Muster vorgegeben? Sind wir nur Werkzeuge von Gedanken, welche andere gedacht haben? Wiederholen sich diese Gedankenfelder in jeder menschlichen Entwicklungsepoche einfach nur? Sind die Erfindungen in Wahrheit schon alle gemacht, und wir sind nur in der Lage, diese bei rechter Gesinnung aufzufangen und umzusetzen? Wo bleibt der freie Wille?

Alle diese Fragen wurden bereits in den Weisheitsschulen der Antike gestellt, doch sie sind heute noch so aktuell wie damals.

Auch wenn wir glauben, die eine oder andere Wahrheit erkannt zu haben, sollten wir dennoch immer wachsam bleiben und alle Vorgänge genau beobachten. Zu schnell lockt uns der Eigenwille oder ein noch tief verborgenes, fremdes Muster auf eine falsche Fährte und verwirrt unseren Geist. Dann werden wir manipuliert und drücken lediglich eine fremde oder unbewusste Ausrichtung aus. Je emotionaler sich diese Präsenz zeigt, je mehr sie um ihre angebliche Wahrheit kämpft, umso mehr erhöht sich die Wahrscheinlichkeit, dass sie aus den eigenen ungeklärten und unterbewussten Schichten wirkt oder einem fremden Einfluss unterliegt.

So kann der Eindruck entstehen, dass wir kaum in der Lage sind, eine klare Unterscheidung zu treffen. Doch dies ist ganz und gar nicht so. Am Anfang mag sich bei unserem Bemühen um einen reinen Geist noch die eine oder andere Fehlbarkeit zeigen, doch mit der Zeit wird das eigene Bewusstsein sowie die Hilfe aus der Geistigen Welt immer klarer in Erscheinung treten. Die Wahrnehmungen mögen sich am Anfang des geistigen Strebens noch teilweise undeutlich zeigen, doch wird der Weg immer heller. Jedes Bemühen verstärkt die Wahrnehmungen, und das Gefühl der Nähe und der Mithilfe aus der Geistigen Welt wird immer intensiver.

Gerade in der jetzigen Wandlungsphase verstärken sich diese Möglichkeiten. Es liegt am Menschen selbst, sich dieser Aufgabe und Wandlung bewusst zu stellen. Seit einiger Zeit ist eine deutliche Verstärkung der eigenen Gedankenkräfte möglich. Wenn sich früher ein Wunsch oder auch ein dunkler Gedanke über einen längeren Zeitraum aufgebaut oder entladen hat, so nimmt dieses Geschehen jetzt einen deutlich schnelleren Verlauf. Deshalb ist Vorsicht geboten und eine wachsame Beobachtung der eigenen Gedanken und Gefühle, die immer eng mit dem inneren Wesen verknüpft sind.

Wichtig ist die eigene innere Klarheit und das wache Streben auf dem geistigen Weg!

Was möchten Sie wirklich erreichen? Welcher Energie möchten Sie sich anschließen? Da Sie dieses Buch in den Händen halten, fühlen Sie bereits in Ihrem Inneren die Schwingung der neuen Zeit und die Lichtwerdung der eigenen Seele. Sie wissen, dass es nicht darum geht, Prägungen von außen umzusetzen oder die kleinen Wünsche von unausgerichteten Seelenfasern im Inneren zu verwirklichen. Es geht um die Nähe zur Geistigen Welt, um absolute geistige Klarheit, um die bewusste Entwicklung des Einzelnen sowie um die kollektive Erneuerung der ganzen Menschheit. Jeder einzelne Mensch kann Einfluss nehmen auf das Gedankengut aller Wesen. Alles ist miteinander vernetzt, und alles ist miteinander verbunden. Alles, was im Einzelnen geschieht, wird auch in das Kollektiv übertragen und kann hier Fuß fassen und zur Erneuerung beitragen. Im umgekehrten Fall wird das kollektive Gedächtnis natürlich auch von einzelnen Menschen oder ganzen Gruppen mit negativer Energie erfüllt oder mit destruktiven Gedanken genährt.

Es gilt in diesem Zusammenhang vor allem, das Thema Angst zu betrachten. Die Bewältigung von Ängsten hat beträchtlich mehr Bedeutung, als man im Allgemeinen annehmen möchte. Wenn Ängste nicht bewältigt sind, werden sie die Seele auch in die feinstofflichen Ebenen begleiten und diese dort schmerzhaft gefangenhalten. Angst ist das Gegenteil von Vertrauen und die Basis vieler negativer Gefühle. Das Wiederfinden von Gottvertrauen und die Annahme der Dinge, die geschehen müssen, sind die Wege zur Auflösung von Ängsten. Der Aufbau eigenwilliger Wünsche und die Verneinung von Verzeihen sind ebenfalls ein häufiger Hintergrund von Angst. So ist die Angst zwar vorrangig eine Emotion, aber sie weckt im Menschen zugleich heftige negative Gedanken und Energieverzerrungen, die den ganzen Menschen schwächen und binden können. Sie ist die Anlegestelle und der Resonanzboden, wo sich viele niedere Aspekte verankern. Diese können den Menschen in Gefangenschaft halten, so dass er von fremden Gedankenformen manipuliert werden kann.

Je mehr sich die Auflösung negativer Altlasten verstärkt, desto klarer öffnet sich der Mensch für die Gedankenschöpfungen aus höheren Reichen und kann dadurch das Licht aus der Geistigen Welt bewusster und deutlicher in das Erdenleben bringen. Das birgt Verantwortung, schenkt aber auch große Möglichkeiten. Das Wichtigste ist jedoch die stete Arbeit an sich selbst und somit am eigenen Bewusstsein. Daraus erfolgt ganz automatisch die Aufnahme von höheren Gedanken und rückwirkend die positive Unterstützung des kollektiven menschlichen Feldes.

Es ist von großem Vorteil, die Strukturen von Gedankenkräften und ihre Auswirkung möglichst gut zu kennen, um die eigenen Gefühlsregungen in Verbindung mit den Gedanken zu verstehen. So lassen sie sich bewusst und mit der Hilfe der Geistigen Welt erneuern oder auch löschen.

Es wäre allerdings fatal, die Vorgehensweisen und die Einflussnahme der dunklen Kräfte zu unterschätzen oder auch das Wirken des eigenen Egos und der eigenen unbewussten Bereiche zu missachten. Mit großer Raffinesse können niedere Triebe oder verdrängte Schattenbereiche der eigenen Seele nach Verwirklichung trachten oder von Menschen erschaffene kollektive Felder auf Umsetzung drängen. Sie sind gerissen und können den Menschen in mannigfaltiger Weise blenden. Möglichst ohne Stress, aber dennoch wachsam und aufmerksam, sollte jeder in der Lage sein, Beeinflussungen im eigenen Inneren sowie Fremdeinflüsse immer besser zu erkennen und aufzulösen. Dann klärt sich die Aura und wird von höheren Energien durchflutet.

Wir sind nicht so schwach oder machtlos, wie man uns jahrhundertelang vorgemacht hat, aber das erneute Wahrnehmen und Wirken-lassen dieser Kräfte sollte sich immer in Harmonie mit dem Göttlichen vollziehen. Nur dann wird es wahrhaft gesegnet und von Lichtwesen dauerhaft unterstützt werden. Anderenfalls würden wir wieder in den Eigenwillen verfallen, und unser Weg würde entweder vorerst in einer Sackgasse enden oder, schlimmer noch, wir würden wieder in den Abgrund des Eigenwillens zurückstürzen.

Es wird immer offensichtlicher, dass alle eigenwilligen Vorgehensweisen, ob von Einzelpersonen oder von ganzen Gruppierungen unternommen, in aller Deutlichkeit in den Schwingungen dieser Übergangsphase auf Erden aufgedeckt werden. Alle Vertuschungen, alle heimlichen Unternehmungen und alle niederen, auf den Eigenwillen beschränkten Vorgehensweisen werden enthüllt und kommen ans Licht. Nichts kann mehr unter den „Teppich der Dunkelkräfte" gekehrt werden. Dieses Geschehen ist eine aufwändige und für die höheren Lichtkräfte sehr aufreibende Vorgehensweise, aber sie ist unabdingbar für die Klärung dieses Planeten. Immer mehr Menschen können sich den höheren emotionalen und mentalen Weisungen öffnen und erkennen deutlicher die Wahrheit ihres eigenen Wesens.

In gleicher Weise werden die verkrusteten kollektiven Felder zur Auflösung gebracht, und die Menschen können sich durch die Erkenntnis der Wahrheit davon lösen. Das geht oft mit großen Schmerzen einher, und die Erkenntnis, dass man so lange einer anderen Kraft gedient hat, kann den Menschen sehr verwirren. Doch geschieht diese Bewusstwerdung und Erneuerung aus Liebe. Aus Liebe zu den Menschen, denen jetzt aktiv geholfen wird, um sich von unbewussten Strukturen zu lösen, damit sie nicht mehr von den Dunkelkräften manipuliert werden können. Vor allem über Abspeicherungen im Unterbewusstsein können die niederen und dunklen Fremdaspekte sowie die kollektiven Felder einwirken und den Menschen manipulieren. Auch unverarbeitete Strukturen der Ahnen können durch die Auflösung der unterbewussten Ablagerungen nicht mehr über diesen Zugang einwirken. Dies macht bereits deutlich, wie wichtig es ist, das Unbewusste ins Bewusstsein zu heben sowie verdrängte oder verachtete Persönlichkeitsaspekte anzunehmen und in die Liebe zu führen. Dann wirken alle diese Kräfte nicht länger aus der Tiefe, sondern können bearbeitet und auf den Weg der Liebe und des Lichtes geführt werden.

Die Geistige Welt lässt seit kurzem in ganz besonderem Maße helfende und auflösende Kräfte in das Energiefeld des Menschen fließen, damit das Unterbewusstsein erkannt, angenommen und durchlichtet werden kann. Das ist ein wichtiger Gnadenaspekt der Lichtwelt, um dem Menschen seine geistige Klärung zu ermöglichen und den Gesamtprozess zu erleichtern. Auch die sogenannten „Morphischen Felder" können in ihrer Speicherung und Beeinflussung immer mehr erkannt werden. Nicht alle von Menschen erschaffenen Felder sind negativer Natur, doch enthalten sie immer Vorstellungen und Prägungen, welche auf den Menschen einwirken und ihn mit gedanklichen Vorgaben „speisen". Sie waren in der Vergangenheit notwendig, um dem Menschen eine Richtung und geistige Impulse zu geben, doch jetzt befindet sich der Mensch auf dem Weg zu mehr geistiger Freiheit und bewusster eigener Entscheidung. Es ist daher wichtig, dass nicht einfach nur neue Felder erzeugt oder alte Felder mit neuen Informationen gespeist werden, sondern es ist die Auflösung aller Verdichtungen notwendig, damit der Mensch wirklich frei werden kann und nicht die alten Vorstellungen nur einfach mit aktuelleren erneuert, die irgendwann auch wieder überholt sind. Nur die Freiheit im Geiste lässt eine klare und deutliche Aufnahme höherer Informationen zu. Ansonsten ist der Kelch voll, und nichts anderes kann einströmen.

Erst ab einem bestimmten Entwicklungsgrad ist der Mensch überhaupt in der Lage, wirklich selbst zu entscheiden. Bis dahin wird er von seinen niederen Emotionen und Bedürfnissen bestimmt und von ihm entsprechenden gedanklichen Feldern durchflutet, je nachdem wie stark sein Streben nach Weiterentwicklung bereits fortgeschritten ist. Hat er sich nur wenige höhere Ideale und wenig „Liebeslicht“ erarbeitet, wird er auch nur von den entsprechenden Gedanken durchströmt oder beeinflusst, doch sobald er den wahren Weg erkennt, wird er auch von höheren Wesen geführt und durchlichtet. Dann ist er fähig, deutlich lichtvollere Gedanken in sein System zu lassen, und seine Schwingung erlaubt es der Geistigen Führung, ihn entsprechend seinem Stand und seiner Reife zu inspirieren.

Haben Sie sich beim Autofahren schon einmal gefragt, wer denn da fährt, wenn Sie über etwas nachdenken? Oder Sie sind am Ziel und haben gar nicht bewusst mitbekommen, wie Sie gefahren sind? Sicherlich mussten Sie die erste Zeit nach der Fahrprüfung noch mit großer Anstrengung aufpassen und wachsam bleiben, damit Sie die Vorgaben im Straßenverkehr erkannten und auch die Funktionen im Auto bedienen konnten. Dann hat sich über die Zeit ein eigenes Gedankenmuster und Gewohnheitsfeld aufgebaut. Dieses hat sich so verstärkt, dass es auch unbewusst wirksam ist, selbst wenn Sie an etwas ganz anderes denken. Dies ist zwar meist eine Hilfe, doch wird hier auch der Prozess deutlich, wie wir Hilfskräfte oder Hilfsfelder aufbauen, welche uns im Alltag behilflich sein können. Das bedeutet natürlich auch, dass immer dann, wenn wir eine Gewohnheit loslassen wollen oder eine Veränderung im Verhalten einleiten möchten, dies auch immer eine Löschung von Gewohnheiten erfordert.

Schauen Sie sich um. Beobachten Sie, was geschieht? Alles wird offenbar! Doch nicht nur im Äußeren, weit fort von einem selbst, vollziehen sich die Möglichkeiten der Klärung und die Offenlegungen negativer Muster, auch im eigenen Inneren werden wir verstärkt auf unsere Restbelastungen und Fehlausrichtungen hingewiesen. Immer gilt: Wie außen, so auch innen. Wie im Großen, so auch im Kleinen. Hier beginnt unsere Arbeit und Bewusstwerdung. Liebevoll, aber wahrhaftig sollten wir nicht andere verurteilen, sondern, an uns selbst arbeitend, die Außen- und Innenwelt beobachten, um das Vorgehen der Geistigen Welt zu erkennen. Die eigenen unterbewussten Bereiche treten in den Wahrnehmungsbereich und können hier gewandelt und neu ausgerichtet werden.

So werden wir allmählich die Liebe, die sich fürsorglich für uns öffnet und die uns leitet, immer tiefer fühlen, sie immer klarer erkennen und immer mehr den Weisungen der höheren Welt Folge leisten. Dann werden die Gedanken von einer höheren Natur sein und wahre Gefühle den Menschen erfüllen.

1

Die Gedanken sind frei! Wirklich?

Bevor wir uns tiefer mit den Hintergründen dieser Frage befassen, ist es grundsätzlich wichtig, sich die Natur und das Wesen von Gedanken zu vergegenwärtigen.

Es gibt verschiedene Arten von Gedanken und mehrere Empfänger-Sender-Optionen. Je nach Entwicklungs- und Erkenntnisstand des Menschen wird er entweder manipuliert und als Werkzeug benutzt oder er ist bereits fähig, in Harmonie mit der Höheren Welt, Gedanken zu erhalten oder zu produzieren, welche die Welt durchlichten und erneuern. Es hängt von seinem Schwingungsgrad ab, von seiner Lichtfrequenz, welche die Qualität seiner Gedanken steuert. Dazwischen gibt es einige Unter-Variationen oder auch Schwankungsbreiten, da jeder Mensch auch auf seinem Lichtweg kurzzeitig in die Irre geführt werden kann oder auf noch vorhandene eigene Fehler hingewiesen werden muss.

Der menschliche Verstand ist zwar in der Lage, eigene Gedanken zu produzieren, doch wird er sie immer nur entsprechend seinem eigenen Entwicklungsniveau produzieren. Ist dieses beispielsweise noch stark auf Egoismus oder Habgier ausgerichtet, wird es von außen die entsprechenden, von anderen bereits mehrfach wiederholten Gedanken anziehen und diese selbst denken und wiederholen. Dadurch wird das morphische oder kollektive Feld gespeist und verstärkt, was der menschlichen Entwicklung natürlich nicht dienlich ist.

Die Qualität der Gedanken hängt vom inneren Streben des Menschen ab.

Ein zutiefst geldgieriger Mensch wird sich nicht mit Gedanken der Nächstenliebe beschäftigen, sondern wird sich auf die Vermehrung seines Vermögens konzentrieren und hierfür auch die entsprechenden Impulse aus niederen Ebenen erhalten. Der Mensch zieht aufgrund seines eigenen Schwingungsgrades die entsprechenden und gleichgearteten Gedanken an. Er ist somit in keiner Weise frei, was er in seinem Zustand jedoch zweifellos von sich glaubt und für sich in Anspruch nimmt. Der Mensch hat auf dieser Erde einen gewissen Raum der Freiheit erhalten. Er darf sich in bestimmten gedanklichen Bereichen ungezügelt ausleben, bis seine Persönlichkeit dieses Fehlverhalten erkennt oder die eigene Seele dem Ganzen „einen Riegel vorschiebt".

Der menschliche Verstand kann sich zunächst einmal nur mit dem Informationsgut auseinandersetzen, welches er in diesem Erdenleben erworben hat. Dinge, die er nicht gelernt hat, sind als Erinnerungsspeicher auch nicht in ihm enthalten. Erst von einem bestimmten Grad der Durchlichtung an, ab einer bestimmten Frequenz der höheren Liebe, ist ein Mensch in der Lage, Informationen aus der sogenannten Akasha-Chronik zu erhalten, einem Wissensspeicher, welcher sich in der feinstofflichen Welt befindet. Erst wenn der Mensch einen gewissen Grad an Bewusstheit erlangt hat, wird er erkennen, dass er Teil eines höheren Ganzen ist und alles, was existiert, auch einen Bereich seiner selbst darstellt und die Liebe die verbindende Kraft zwischen allem ist. Dann wird er die morphischen Felder erkennen, welche nun aber keinen Einfluss mehr auf ihn haben. Er hat sich darüber erhoben, und seine Schwingung wird sich an die höheren Reiche annähern. Dazu muss er sich dieser allerdings bewusst werden. Bewusstsein ist alles!

- Alles, was wir erkennen, können wir wandeln.
- Alles, was uns bewusst wird, können wir erhöhen.

Alles Verdrängte, alles Verachtete oder nicht Erwünschte, alles Unbewusste und alles, was wir nicht annehmen, akzeptieren oder vergeben wollen, hat keine Chance auf eine Erhöhung und der Mensch dadurch auch keine Möglichkeit, sich davon zu lösen. Es ist eine Gesetzmäßigkeit, dass der Mensch so lange gebunden bleibt, bis er alles, was ihn selbst betrifft, durchlichtet sowie seine Aufgaben für das kollektive Feld erfüllt hat.

Bleiben wir bei den Möglichkeiten des Verstandes, solange er noch glaubt, getrennt zu sein und selbst „denken" zu müssen. Zumeist denkt er nicht selbst, sondern er empfängt Gedanken, welche er aufgrund seiner emotionalen Richtung anzieht. Hier wird bereits deutlich, dass nicht die Gedanken die treibende Kraft auf dem Weg „zurück in das Vaterhaus" sind, sondern die innere Einstellung und das Streben sowie das Maß an erreichter Liebe, welche die Schwingung eines Menschen ausmachen und den Weg markieren. Die Gedanken sind wichtige Erkenntnismöglichkeiten, sind Bewusstseinswege und Weisungen aus den höheren Welten, aber nicht die alleinige Wahrheit oder die ausschließlich treibende Kraft.

Der Verstand hat dennoch wunderbare Möglichkeiten, seine Gegebenheiten zu ergründen. Er kann allerdings nur das Wissen für seine Wahrnehmung benutzen, welches er bereits erworben hat. Er kann beispielsweise nicht das Wissen der Quantenphysik oder von geistigen Meistern nutzen, wenn er davon nie gehört hat. Diese Dinge hat er in diesem Leben noch nicht gelernt und konnte somit den irdischen Wissensspeicher nicht damit füllen. Wenn ein Bäcker nicht weiß, wie er mit Sauerteig umzugehen hat, wird sein Sauerteigbrot kaum gelingen. Ein Steinmetz, der beim Klopfen die Feinheit des Steines nicht kennt, wird ihn zerbröckeln.

Der Verstand kann zur Lösung seiner Probleme immer Gedanken aus den höheren Ebenen einfließen lassen, wenn er die Hilfe der Geistigen Welt wünscht. Dann sind die Gedanken nicht selbst gedacht, sondern Geschenke, welche bereits als Lösung vorliegen und somit bereits produziert und gedacht sind. Er kann aber auch auf niedere Aspekte des Seins ausgerichtet sein und erhält dann niederträchtige Einflüsterungen aus den dunklen Bereichen, welche sich meist über den Menschen ernähren möchten, um an die negative Energie zu gelangen, welche der Mensch über derartige Gedanken und Emotionen produziert. Man sollte sich immer bewusst machen, dass der Mensch aufgrund seiner in ihm wohnenden Schöpferkraft stets der Erzeuger von Gedanken und Emotionen ist. Diese dienen geistigen Idealen oder niederen egoistischen Motiven. Werden sie in Liebe und Hingabe geschöpft, erhöhen sie das Dasein, wird diese Kraft eigenwillig für niedere Ausrichtungen genutzt, müssen diese vom Erzeuger irgendwann wieder zurückgenommen und aufgelöst werden.

Wer sich auf den Weg zum Vollkommenen Sein befindet, dem wird es aus tiefstem Herzen ein Anliegen sein, keine negativen Schöpfungen zu hinterlassen, sondern das kollektive Feld zu unterstützen.

Auch ein Wissenschaftler oder Entdecker kann sich von den höheren Ebenen inspirieren lassen und kann dann eventuell sogar im gleichen Moment wie sein Kollege auf der anderen Seite der Erdkugel dieselbe Lösung erhalten. Der irdische Verstand kann nur mit dem Wissen und dem Material denken, was ihm zur Verfügung steht. Öffnet er sich jedoch, was gleichbedeutend ist mit einer Erhöhung des Bewusstseins, stehen ihm Denkvorgänge und Inspirationen zur Verfügung, welche eng mit den höheren Welten verbunden sind. Sobald sich das Innere des Menschen auf einen höheren Weg begibt, kann der Verstand auch höhere Gedanken empfangen. Es ist somit ein entwicklungsgemäßer Prozess. Dann spielt es auch gar keine Rolle mehr, ob ein Lichtwesen zuvor für ihn das Problem erarbeitet oder ob sein höheres Wesen tatsächlich in den höheren Bereichen des Denkens die Lösung empfangen hat. Es geht allein um eine Informationsebene, welche nur dann zugänglich ist, wenn ein gewisser Entwicklungsstand erreicht wurde. Sind wir alle in Liebe verbunden, erhebt niemand mehr den Anspruch, eine persönliche Entdeckung gemacht zu haben.

Wir sollten uns bewusst machen, dass nichts auf der materiellen Welt existiert, was nicht zuvor von einem geistigen Wesen gedacht wurde. Es könnte nie ein Pfeil und ein Bogen entstehen, wenn nicht zuvor der Gedanke davon gewesen wäre. Vor dem Gedanken befand sich das Bemühen um eine Lösung, ein Streben, welches den Vorzügen des Menschen dienlich ist. Es sind die Emotionen und das Bedürfnis nach Entwicklung, welche die Gedankenkräfte anspornen. Somit ist es meist ein Mangel oder ein Bedürfnis, welches den Menschen anregt, die notwendigen Gegenstände zu erfinden. Dies ist ein wichtiger Grund, warum Leid und Mangel vorhanden sind oder im Leben des Menschen eine Rolle spielen. Würden wir nicht von Bedürfnissen angetrieben, würden wir uns vermutlich nicht besonders um deren Erfüllung bemühen. Könnte unser Inneres nicht die Vollkommenheit und Fürsorge der höheren Liebe erahnen, würden wir uns vermutlich nur langsam oder gar nicht auf diesen Weg begeben. Wäre nicht der Hunger, die Kälte, die Suche nach Geborgenheit und Schutz existent, der Mensch würde wohl kaum einen solchen Einsatz aufwenden, um sich durch technische Errungenschaften das Leben zu erleichtern. Der Mensch wäre träge und lau, würden der Mangel und die innere Leere nicht massiv auf sein System einwirken. So sind es die harten Zeiten im Leben, welche den Menschen wirklich wachsen lassen und ihn aus den Fängen der niederen Aspekte befreien.

Erst ab einem bestimmten Grad an bereits erreichter Liebe im Inneren und bei entsprechender geistiger Führung kann er sich aus der Welt des Leides lösen. Sein Streben nach der erkannten Wahrheit und das Bewusstsein vom Göttlichen Weg werden ihn völlig erfüllen; und es bedarf dann keines Ansporns mehr, welcher auf Leid ausgerichtet ist. Genau diesen Zustand werden wir mithilfe der Schwingungen der neuen Zeit erhalten. Alles Karma wird erlöst sein, und die Menschen benötigen keinen weiteren Leidensweg mehr, da kein Lau-Sein mehr vorhanden ist, sondern ein wahres Streben nach dem Vollkommenen Sein.

Im Innersten seines Wesens weiß der Mensch um die irdische Unvollkommenheit und strebt nach Höherem. Vielleicht wird er zuerst den dunklen Weg wählen und über Macht und Habgier seine Bedürfnisse zu befriedigen trachten, doch wird die Zeit kommen, in der auch er erkennen kann, um was es wirklich im Leben geht. Dann muss er zwar noch die Scherben seines Weges aufräumen, doch wird er bereits liebevoll von der Geistigen Welt begleitet.

Es ist wichtig, sich bewusst zu machen, dass die meisten Gedanken immer mit Emotionen behaftet sind – mehr oder weniger stark, je nach Reife des Menschen. Intensive Emotionen wirken wie zäher Kleister in Gedankenstrukturen. Sie können Ansporn, aber auch Behinderung sein. Beleuchten wir kurz den Unterschied von Emotionen und wahren Gefühlen, damit der Hintergrund beider Begriffe deutlich wird.

Als Gefühle werden nachstehend immer die höheren Aspekte bezeichnet. Gefühle wie Nächstenliebe, Demut oder tiefe Hingabe an die höheren Weisungen sind Ausdruck von Erkenntnis und der Wahrnehmung einer höheren Welt. Diese Gefühle sind ruhig, sie drängen nicht, sind nicht invasiv oder verurteilend. Sie sind innere Botschaften und der Ausdruck des erreichten Weges. Im Grunde definieren die Gefühle den wahren Entwicklungsstand des Menschen. Sie bestimmen auch das Vorhandensein höherer Gedanken. Die Schwingungen niederer Gedankenbilder können den Menschen ab einer bestimmten Frequenz nicht mehr erreichen, das erarbeitete „Feuer der Liebe“ schmilzt alle dunklen Gedanken weg und erlaubt ihnen kein Einströmen in die Aura.

Als Emotionen hingegen werden immer Wahrnehmungen und innere Weisungen bezeichnet, mit welchen der Mensch noch arbeiten und aus denen er sich herausentwickeln muss. Diese strömen aus den niederen astralen Ebenen und versuchen, in das Wahrnehmungsfeld des Menschen zu gelangen.

Am Anfang der menschlichen Entwicklung befand sich der Mensch mit all seinen Gedanken noch auf einer niedrigen Stufe. Er war durchdrungen von Emotionen wie Habgier, Neid, Verlangen, Machtlust und Prestige, falschem Stolz, Zorn, Selbstsucht und Trägheit, Lieblosigkeit und Vorurteilen, um nur einige zu nennen. Das Ego gierte nach niederer Energie und begriff noch nicht den Weg der Liebe. Es erkannte noch nicht, aus welcher Energiequelle heraus es sich eigentlich laben konnte, und zog die ihm bekannten Kräfte vor. Im Laufe der Entwicklung stellte sich dann immer mehr die Wahrnehmung des wahren Weges ein. Zuerst noch ohne Verständnis für die wirkliche Kraft, den Weg ändern zu können, doch bereits mit der Wahrnehmung, dass die höhere Weisung und Liebe vorhanden sind, entwickelte sich immer intensiver auch die Kraft zur Wandlung. Dies bedeutete noch lange nicht, dass die Veränderung schon erreicht wurde, doch konnte das Bewusstsein bereits auf den Lichtweg ausgerichtet werden.

Der wahre Weg des Menschen ist die völlige Befreiung von all seinen Emotionen und möglichen verdrängten Gedankenformen. Dadurch wird er unangreifbar für die emotionalen Einflüsse oder Vorgehensweisen der Ego-Welt. Hier zeigt sich bereits der Hintergrund von echtem Schutz, echter Führung und absoluter Freiheit des Geistes und der Gedanken. Man mag nun meinen, das Leben werde langweilig, emotionslos, lau und öde, doch genau das Gegenteil ist der Fall. Unabhängig von äußeren Einflüssen kann sich der Mensch für eine Energie öffnen, die in einer solchen Tiefe seine Gefühlswelt beglückend erfasst, dass man sich dies nur schwer vorzustellen vermag. Dauerhaftes Glück und das intensive Gefühl von Nähe zur Göttlichen Welt können dann bleibend in unserer

Aura schwingen. Bei jeder Betrachtung von Mensch, Tier oder Gegenstand wird eine tiefe Liebe gespürt, und man hat mitunter die Empfindung, als wäre man selbst ein Teil davon und könne das Gegenüber mit Liebe erfüllen. Einsamkeit wird nicht mehr wahrgenommen, sondern die innere Reaktion auf die entgegengebrachte Liebe wird als liebevolles Bewusstsein von Einheit empfunden. Keine Manipulation ist mehr möglich, und die niederen Aspekte des Egos sind komplett gewandelt.

Das erscheint uns als sehr erstrebenswertes Ziel, und es wird in jedem Fall erreichbar sein. Doch solange wir noch in dieser Schwingungsstufe auf der Erde inkarniert sind und unsere Körper immer noch von extrem starken Einflüssen auch seitens der Ahnenbelastungen erfasst werden können, sollte man möglichst vorsichtig sein, sich trotz vieler erreichter Ziele bereits sicher auf diesem Wege zu wähnen. Die niederen Ego-Kräfte warten nur darauf, beim geringsten Hauch von Überheblichkeit zuzugreifen und den Menschen erneut in die Falle der Emotionen zu ziehen.

Leider gibt es immer noch viele Menschen, welche sich nicht im Geringsten ihres Weges bewusst sind. Sie werden nicht nur von Zwängen und Forderungen ihres Egos und ihres Unterbewusstseins vorwärts gestoßen, sie sind auch Spielball niederer Aspekte und Ausrichtungen in der äußeren Welt. Sie können manipuliert werden, und durch ihre Emotionen ist es den kollektiven Feldern ein Leichtes, sie weiter in ihren Ausrichtungen zu halten und sie sogar für ihre Ziele einzusetzen. Sie sind bereitwillige Empfangsstationen für niedere Gedankenstrukturen und können dadurch beherrscht werden. Solche Menschen erneuern somit ständig die eigentlich längst überholten kollektiven Felder. Sie verpesten die Aura der Erde und erfüllen sie durch negative Gedanken und Emotionen mit niederen Energien, welche nur dem Vorteil des kleinen Ichs oder dem Bedarf dunkler Felder und Wesen dienen.

Im Grunde ist alles Sein ein Ausdruck von Energie. Jeder Mangel möchte immer beseitigt und ausgeglichen werden, und wenn Menschen die wahre Quelle noch nicht erkannt und begriffen haben, versuchen sie immer wieder, sich mit niederer Energie, die sie im Äußeren suchen, über Wasser zu halten, um nicht zu „verhungern". Doch sind diese Energie-Einspeisungen nur von kurzer Dauer und hinterlassen jedes Mal eine Kerbe und dunkle Energie in der Aura. Nicht selten sind sie erfüllt von fremden Kräften oder negativen Zwängen, welche dann ebenfalls wieder abgearbeitet oder abgetragen werden müssen.

Je tiefer ein Mangel ausgeprägt oder gar mit Schocks tief im Energiefeld verankert ist, umso stärker sind die Emotionen, die mit großer Wucht und Präsenz nach Ausgleich suchen. Dann bleibt der Mensch oft lange in dieser Unbewusstheit hängen, und es zeigt sich keine Lösung, um aus diesem Dilemma herauszukommen. Oft bemerkt der Einzelne erst nach langer Zeit, dass er sich überhaupt in einer Notsituation befindet. Der Liebe der Geistigen Welt und der Geistigen Führung ist es zu verdanken, wenn die Hinweise schmerzlich und erschütternd auftreten, damit der Betreffende zur Erkenntnis gelangen kann.

Ein häufig auftretendes Energieproblem entsteht in der Kindheit. Doch nicht nur in der Kindheit dieses Lebens haben die meisten solcher Vorgänge ihre Auswirkung, es bildeten sich in vielen Fällen bereits in früheren Leben starke Energiedefizite. Doch durch die Wiederholung in diesem Leben kann die alte Last in das Licht der Auflösung und Erneuerung gelangen. Sehr oft wird in Therapiesitzungen dann die Schuld auf die jetzigen Eltern übertragen. Diese werden verantwortlich für die missliche Situation gemacht. Doch die Schuld abzugeben, kann nicht der Weg sein und würde bedeuten, den Menschen als armes Opfer äußerer Umstände zu sehen, welche nichts mit ihm zu tun haben.

Zumeist sind die jetzigen Eltern nur Ausdruck einer uralten karmischen Situation, und sie ermöglichen es dem Menschen, diese erneut anzusehen. Meist lernen solche Eltern selbst erst die wahren Hintergründe einer Beziehung, und es ist ihnen auf ihrem weiteren Erkenntnisweg sehr peinlich, so dass sie sich schämen für ihre Lieblosigkeit. Andere wiederum gelangen zu keiner Erkenntnis, und es bedarf der Toleranz und Nächstenliebe, um ihnen als Betroffener zu vergeben und die Botschaft der Geistigen Welt als übergeordnet für den eigenen Weg anzuerkennen.

Es ist wichtig, sich hier bewusst zu machen, dass man Schuldzuweisungen oder gar Hass- oder Rache-Emotionen im eigenen Inneren sofort bearbeiten und in die Erkenntnis der Liebe bringen sollte. Durch Schuldzuweisungen geben wir die Macht zur Veränderung ab, und die Energie schwingt in der Aura des Beschuldigten. Das schadet diesem natürlich, und man muss den entstandenen Schaden ebenfalls wieder ausgleichen. Auch sind wir im Grunde undankbar für die Botschaft der geistigen Welt. Nicht selten hat der Mensch selbst einmal lieblos gehandelt und löst durch die derzeitige Situation seine alten Schulden und Lasten auf. Oder er soll Vergebung lernen, sich selbst und anderen gegenüber, welche ihm Schaden zugefügt haben. Das ist häufig ein wichtiger Hintergrund für die weltlichen Geschehnisse.

Hat man eine derartige Situation erlebt und fühlt in seinem Inneren zuerst Zorn, Verurteilung und Ablehnung, ist es wichtig, diese Regungen genau zu betrachten. Würde man emotionale Aspekte des eigenen Seins nicht annehmen und bearbeiten, können sehr schnell starke abgedrängte Verdichtungen entstehen, die sich zuerst im Unterbewusstsein ansiedeln und dann irgendwann wieder an die Oberfläche oder zur Verwirklichung drängen. Dann entstehen sogenannte Verdrängungsmechanismen oder abgespaltene feinstoffliche Gebilde, welche auch als Schattenbereiche bezeichnet werden. Die Aura würde sich durch diese düsteren Bereiche erneut verdichten, und eine wirkliche Klärung könnte nicht stattfinden. Es ist von entscheidender Wichtigkeit, dass keine erneuten Verdrängungen mehr stattfinden, sondern die eigenen Emotionen klar erkannt und angenommen werden, damit die wirkenden Seelenfasern in die liebevolle und verzeihende Ausrichtung des wahren Geistigen Seins geführt werden, seien sie im ersten Moment auch noch so unangenehm.

Es ist wichtig, Abstand zu nehmen von der Vorgabe, man müsse immer nur gut sein und keine niederen Emotionen mehr haben. Vergessen Sie das ganz schnell, und stehen Sie zu allen Ihren inneren Regungen. Nur dann kann wirkliche Freiheit des Geistes stattfinden, wahre Selbsterkenntnis und das absolute Zu-sich-selbststehen. Wir sind alle noch mit derartigen Emotionen behaftet. Auch wenn viele Bereiche bereits in der Liebe schwingen, muss man immer davon ausgehen, dass noch verdrängte Seelenfasern oder Aspekte des Seins sich durch niedere Emotionen einen Energieausgleich verschaffen und dadurch offenbar werden. Seien Sie im Gegenteil froh, wenn sich Ihre noch lieblosen Aspekte zeigen, und sehen Sie es als Geschenk an, dass Sie daran arbeiten dürfen.

Seit einiger Zeit kann man in vielen Auren eine starke silberne Energie wahrnehmen, welche kraftvoll mithilft, unterbewusste Schichten in das Tagesbewusstsein zu heben. Diese silberne Energie schiebt sich unter die dichten Bereiche und führt sie langsam aber sicher in das Licht der Erkenntnis. Dann gelangen auch uralte Muster und Verdichtungen an die Oberfläche, und der Mensch mag über sich selbst erschrecken. Doch dient all dies der wahren Freiheit des Geistes und dem wahren Schutz der Seele.

Deshalb gilt es in ganz besonderem Maße, nicht anderen Menschen die Schuld zuzuschieben. Vor allem nicht den Eltern, da Sie selbst vor Ihrer Inkarnation in diese Vorgehensweise eingewilligt haben. Auch wenn es schmerzt oder an dem eigenen Selbstwertgefühl rüttelt, alles dient Ihrer Entwicklung und Ihrer Befreiung aus den Wirren und Anhaftungen von niederen Aspekten dieser Welt.

Somit ist dies alles ein Ausdruck von Liebe seitens der Geistigen Führung und nicht etwa eine Strafe.

Machen Sie sich immer bewusst: „Der Mensch ist als Erwachsener selbst für seine Erziehung verantwortlich." Und Sie sind nicht alleine. Die Geistige Welt und Ihre Geistige Führung sind immer bei Ihnen, begleiten Sie und inspirieren Sie. Das ist ein großer Segen.

Betrachten wir die Energieaspekte näher. Wird ein neuer Erdenbürger geboren, ist er nur mit einem kleinen Teil seiner Seelenkraft für dieses Leben ausgestattet. Deshalb hat die Natur das Aussehen von Neugeborenen in der menschlichen Welt, ebenso wie im Tierreich, so geprägt, dass die kleinen Wesen mit ihrem Lächeln und ihren Gesichtsformen auf alle Betrachter den Eindruck erwecken, dass sie besonders süß seien, Hilfe und Zuwendung benötigen und auf alle Menschen herzig und kuschelig wirken. Sie lächeln, strahlen und erwecken in einem geistig gesunden Menschen das natürliche Bedürfnis der Fürsorge. Durch diese Fürsorge und Zuwendung erhält der kleine Erdenbürger Energie. Sein schwaches Feld wird aufgeladen und bei Sättigung, nicht nur des Magens, wird es in wohligen Schlaf fallen. Es gibt auch hier unterschiedliche Energiestufen, was sich deutlich am Bedarf des Säuglings zeigt. Selbstverständlich benötigt der kleine Erdenbürger auch die weltliche Unterstützung und volle Pflege, doch wollen wir uns hier nur auf die Ebene der feinstofflichen Energie konzentrieren.

Bis zum Alter von drei Jahren erhält der Mensch dann einen deutlich größeren Zuwachs seiner individuellen Seelenenergie, also die Erstprogrammierung der individuellen Persönlichkeit für dieses Leben. Dies äußert sich auch dadurch, dass das Kind sich nicht mehr mit dem Namen erkennt, sondern als „Ich" definiert. Dennoch ist der Bedarf an Zuwendung, an Liebe als reine Energie, noch immer stark vorhanden.

In der neuen wissenschaftlichen Literatur finden wir ein Experiment, welches sehr eindrücklich die Wirkungsweise von Energie aufzeigt. So wurden drei Gläser aufgestellt, und in jedes Glas wurde reines Wasser eingefüllt. Das erste Glas wurde täglich mit Botschaften der Liebe geprägt, das zweite Glas mit Worten wie „Hass", und das dritte Glas wurde einfach nicht beachtet. Nach einigen Tagen zeigte sich deutlich, wie das Wasser auf die Schwingungen reagierte. Im ersten Glas, mit den Schwingungen der Liebe, war das Wasser noch ansehnlich und roch neutral, im zweiten Glas, mit der Prägung von Hass, zeigten sich dunkle Verfärbungen, und es roch bereits schlecht, im dritten Glas jedoch, dem völlig missachteten, wucherte der Schimmel, und abstoßende grauschwarze Verfärbungen zeigten sich. Man konnte sehen, dass sich die im Äther vorhandenen Schimmelsporen im Wasser ausgebreitet hatten. Hass und negative Emotionen sind dennoch Energie, doch bei völliger Nichtbeachtung zeigt sich ein absoluter Energiemangel, und die Substanz wird komplett von niederen Schwingungen eingenommen.

Es ist also kein Wunder, wenn sich Kinder auch mit Streichen oder schlechten Manieren Aufmerksamkeit verschaffen. Diese negative Zuwendung ist immer noch viel besser, als gar nicht beachtet zu werden. Wird ein Kind nicht mit genügend positiver Energie versorgt, beginnt es bald damit, sich auf jede erdenkliche Weise Aufmerksamkeit zu verschaffen. Es fühlt deutlich den inneren Bedarf, und seine Bemühungen werden intensiver, je weniger es bekommt. Oder es reagiert damit, dass es besonders lieb und demütig wirken möchte, um anerkannt zu werden. Nicht selten fühlen die Kinder bald, welchen Mangel der Erwachsene selber aufweist, und versuchen, diesen zu füllen, damit sie selbst auch etwas abbekommen. So kann es vorkommen, dass Mädchen, um dem Vater, der lieber einen Sohn bekommen hätte, zu gefallen, sich immer mehr als Junge verhalten. Oder Jungen umsorgen die Mutter, da sich diese von ihrem Mann vernachlässigt fühlt. Oder ein Elternteil versucht sich über Herrschsucht und Machtausdruck das Gefühl zu verschaffen, er sei wichtig und mächtig, indem er die Kinder unterdrückt. Kuscht das Kind entsprechend und bedient somit energetisch den Elternteil, bekommt es meist auch etwas von der so erzeugten Energie ab. Oft dienen die Kinder auch als Ventil für Zorn oder werden im Alltagsstress wenig beachtet. Viele Verhaltensweisen, in denen die Kinder das Instrument von Bedürfnissen der Eltern sind, wirken sich auch in den Kindern als aktueller und langfristiger Energiemangel aus. Dann wird im weiteren Verlauf des Lebens stets versucht, die Energie irgendwie zu beschaffen und den alten „Mangel" zu beseitigen, bis erkannt wird, dass die Energie aus höheren Ebenen bezogen werden sollte. Sind solche Erlebnisse noch mit Schock oder Schlägen belastet, wird es besonders schwer. Dann unterdrücken diese Menschen als Erwachsene oft ebenfalls ihr Umfeld oder ihre Familie, bis sie erkennen, dass dies niemals der Weg zur Auflösung und zu innerem Frieden sein kann. Man erhält die Abhängigkeit im Äußeren aufrecht und kann nicht frei werden.

Sind solche oder ähnliche energetische Verhältnisse in der Kindheit vorhanden gewesen, wird der Mensch besonders stark durch Emotionen vorangetrieben und sucht nach Erfüllung, bis er endlich erkennt, dass wahre Energie nur über das eigene Innere, über die Christus-Kraft im Herzen, zu erlangen ist – über Erkenntnis, Bewusstsein, Vergebung und Liebe. Nicht selten verbergen sich die eigenen Muster vor der Erkenntnis, und man lebt den Bedarf an Energie lange Zeit einfach nur aus, ohne sich zu erkennen und neu zu formieren. Dann befinden sich in der Aura Energieverdichtungen, die von starken Emotionen und Gedanken an Energie aufgeladen sind. Menschen mit derartigen Anhaftungen wirken immer übergriffig und fordernd auf das Umfeld. Diese Menschen können selten für sich sein, da sie immer im Äußeren Energie suchen und auf die Mitmenschen vereinnahmend und bedrückend wirken. Das geschieht auch tatsächlich. Die Forderung nach Energie von Anderen wird in der jetzigen Zeit der Offenlegung immer deutlicher. Dann hat man das Gefühl, solche Menschen seien extrem anstrengend und bezögen alles, was im Umfeld geschieht, auf sich selbst. Jedes Gespräch endet nur bei diesen Menschen. Alles, was geschieht, beziehen diese auf sich selbst, und ihr Haschen nach Lob und Beachtung kann sehr anstrengend sein. Nicht selten greifen dann feinstoffliche Klammern nach den Mitmenschen oder hinterlassen in deren Aura ihre Forderungen.

Es kann durchaus geschehen, dass ein bereits sehr durchlichteter Mensch in dieser Zeit solche Restaspekte in sich selbst wahrnimmt. Man findet diese nur durch die Beachtung des eigenen Tuns, Denkens und Fühlens. Ehrliche Wahrnehmung seiner selbst und das aufmerksame Betrachten des eigenen Handelns bringt solche Aspekte zutage. Beobachten Sie sich selbst: Lassen Sie die anderen Menschen aussprechen oder wollen Sie selbst sofort Ihre Erlebnisse erzählen? Können Sie sich in den anderen Menschen einfühlen? Wollen Sie gar Lob erhaschen oder Aufmerksamkeit auf sich ziehen? Erst durch das Wahrnehmen der eigenen Reaktionen und Vorgehensweisen kann man noch vorhandene Mangelzustände erkennen. Dann befindet man sich auf dem Weg, die Kraft der eigenen unbewussten Gedanken zu ergründen.

Ist solch ein Energiedefizit im eigenen System vorhanden, wird man im Zuge der Auflösung von den eigenen aufgebauten Gedankenformen und von den Emotionen getrieben. Die Geistige Führung verstärkt dann mitunter das Geschehen, damit der Mensch in jedem Fall zur Wahrnehmung kommt. Dann möchte der Mensch mit seinem jetzigen Bewusstsein zwar oft in Ruhe und Frieden leben, kann es aber nicht, da die alten Verdichtungen noch nicht gelöst sind. Er hat also keinen freien persönlichen Willen, um so zu leben, wie er möchte, da sein System diesbezüglich noch nicht geklärt ist. Doch kann man sich bewusst machen, dass hier der höhere freie Wille greift und es für den Menschen äußerst dienlich ist, sich wirklich zu befreien, indem er die alten Lasten annimmt. Die Freiheit des Geistes bezieht sich somit auf die Freiheit der höheren Aspekte und nicht auf den Wunsch der inkarnierten Persönlichkeit, in Ruhe und Frieden zu leben.

So kann man auch Belastungen betrachten, welche sich noch aus früheren Leben in der Aura befinden und mit Gedanken und Emotionen erfüllt sind. Der höhere Wille hat den Befreiungsweg gewählt, was den Bedürfnissen der im Alltag bewussten Persönlichkeit dennoch konkret zuwider sein kann, so dass dieser von ihr abgelehnt wird. Solch ein Mensch wird sich nicht frei fühlen, da sein Eigenwille keine Auflösung wünscht, sondern nur ein schönes Leben verwirklichen möchte.

In früheren Jahren wurde solch eine Ablehnung mitunter lange von der Geistigen Führung hingenommen, doch werden diese Freiheiten im Moment stark eingeschränkt, damit die Persönlichkeit sich mit ihren Belastungen auseinandersetzen muss. Die Menschheit steht kurz vor einer großen energetischen Wandlung, und die Zeit soll, im Sinne des wahren geistigen Weges, noch genutzt werden.

Viele Menschen spüren zur Zeit, dass sie immer wieder von starken Emotionen oder seltsamen Gedanken überrollt werden. Diese wirken massiv ein, und nicht selten wird der Mensch von diesen Emotionen übermannt und lebt sie einfach aus. Dann herrschen Aggression und Zorn vor, obwohl der Mensch mit vielen seiner Wesenszüge bereits auf die Liebe ausgerichtet ist. Auch hier zeigen sich alte Verdichtungen aus der Aura, die nicht gegen den Menschen sprechen, sondern seiner Befreiung dienen. Es ist sehr wichtig, sich nicht gegen solche Emotionen im eigenen Inneren zu sperren oder gar zu versuchen, um gut zu sein, diese erneut abzudrängen. Sie würden nur wieder die Aura verdunkeln; und wenn diese in den Schwingungen der neuen Zeit sichtbar werden, würden sie in jedem Fall zutage treten.

Es ist sehr wichtig, die Auswirkung der Dunkelkräfte, welche sich vor dem großen Zeitenwandel noch so stark ausleben dürfen, im rechten Licht zu betrachten. Nehmen wir an, Sie haben im hinteren Bereich Ihrer Aura noch eine Gedankenverdichtung mit niederen Emotionen sitzen. Nehmen wir an, es ist starke Eifersucht. Ihre Aura ist bereits stark durchlichtet, und Ihr System würde niemals zulassen, dass Sie diese niedere Emotion im Alltag ausleben. Somit wird diese Eifersucht in den letzten Winkel Ihres Systems gedrängt. Doch das klärt Sie nicht wirklich, da dieser Bewusstseinsteil Ihres Wesens noch nicht in die Erkenntnis gelangt ist. Der freie Wille dieses Seelenteils hat sich zurückgezogen und schmollt in seinen Emotionen. Der freie Wille Ihrer Seele möchte diesen Teil jedoch in die Bewusstheit führen und lässt somit eine Aktivierung von außen zu. Das ist natürlich nicht im Sinne dieser Seelenfasern, und man könnte sagen, der Betreffende hat in diesem Moment keinen freien Willen. Doch ist es in der wahrhaften Betrachtung nur der Eigenwille, welcher eine Illusion darstellt. Es ist ein sich Abwenden von Göttlicher Energie, welche sich selbst noch nicht erkannt hat. Der Eigenwille weiß nicht mehr, dass er doch ein Teil Gottes ist, dass er geliebt wird und sich nicht länger im alten Sumpf des Selbsterhaltungstriebes aufhalten muss. Erkennen solche unausgerichteten Teile die Wahrheit, werden sie begreifen, dass der Weg zur geistigen Freiheit ursprünglich ihr wahrer freier Wille ist und nicht die von der Außenwelt abhängige Energiehascherei. Sobald sie die Fessel und die fehlerhafte Wahrnehmung des Egos durchdringen, können sie auf ihrem wahren Weg weiterschreiten.

Um die Aktivierung solcher tief verdrängter Aspekte zu erreichen, wird der Mensch in eine weltliche Situation geführt und einer meist starken dunklen und artgleichen Eifersucht ausgesetzt. Dies ist notwendig, damit genügend dunkle Kraft vorhanden ist, um diesen verdrängten Teil zu aktivieren. Er gerät in Bewegung, schwingt nun vor den Solarplexus und der Inhalt kommt voll zur Geltung. Sie werden mit den Emotionen von Eifersucht überhäuft, und Gedanken, welche alles andere als liebevoll auf den Partner wirken, gelangen zur Wahrnehmung. Vermutlich erschrecken Sie, können vielleicht die Aggression nicht kontrollieren und reagieren sehr emotional. Dies erleben wir zurzeit sehr häufig in den verschiedensten Situationen. Starke, massive Kräfte innerhalb der Verdrängungen zeigen sich und können den Menschen mitunter vollständig übernehmen und dazu bringen, diese alten Aspekte zu leben. Manchmal wird von der inneren Führung die Kraft, die Bereiche erneut zu verdrängen, blockiert, damit sie unbedingt zur Wahrnehmung und Auflösung gelangen. Der Mensch will diesen Emotionsausbruch natürlich nicht, doch die Annahme dieser alten Fehlausrichtung entspricht dem wahren inneren Willen.

Sie sollten sich bewusst machen, dass sich die dunkle Kraft mit all ihren niederen Emotionen nur noch kurze Zeit auf dieser Erde ausleben darf. Danach werden wir in ein Zeitalter überwechseln, welches von Liebe und geistiger Präsenz geprägt sein wird. Die dunklen Kräfte werden keinen Zugriff mehr haben.

Wer soll Ihnen dann noch die alten Reste aus den hinteren Aura-Schichten aktivieren? Dann verliert sich das Gesetz der Resonanz, da sich alle Menschen so auf dem geistigen Weg befinden, dass es keiner Energieanstöße zum Aufwecken solcher alten Felder mehr bedarf. Das Streben wird von solcher Stärke durchflutet sein, dass die Hinweise zu immer tieferer geistiger Wachheit in vollem Bewusstsein aus dem eigenen Inneren strömen. Außerdem werden die feinstofflichen Bewegungen sichtbar, und man würde somit jede negative Emotion als düstere Verfärbung in der Aura wahrnehmen. Auch wenn es mitunter schwierig ist, darf man dankbar sein, wenn sich die alten Prägungen jetzt noch zeigen und aufgelöst werden können.

Ein wichtiger Aspekt ist auch die gegenwärtige Verfeinerung der Wahrnehmung und die Erhöhung der Energie des Menschen. Die Chakras vergrößern sich, die Farben klären sich und werden immer mehr von den höheren Aspekten durchdrungen. Dies bewirkt allerdings auch eine stärkere Wahrnehmung der äußeren Welt mit ihren Emotionen und Gedankeneinflüssen. So ist nicht jeder aufgenommene Gedanke auch ein eigener. Dann kann es

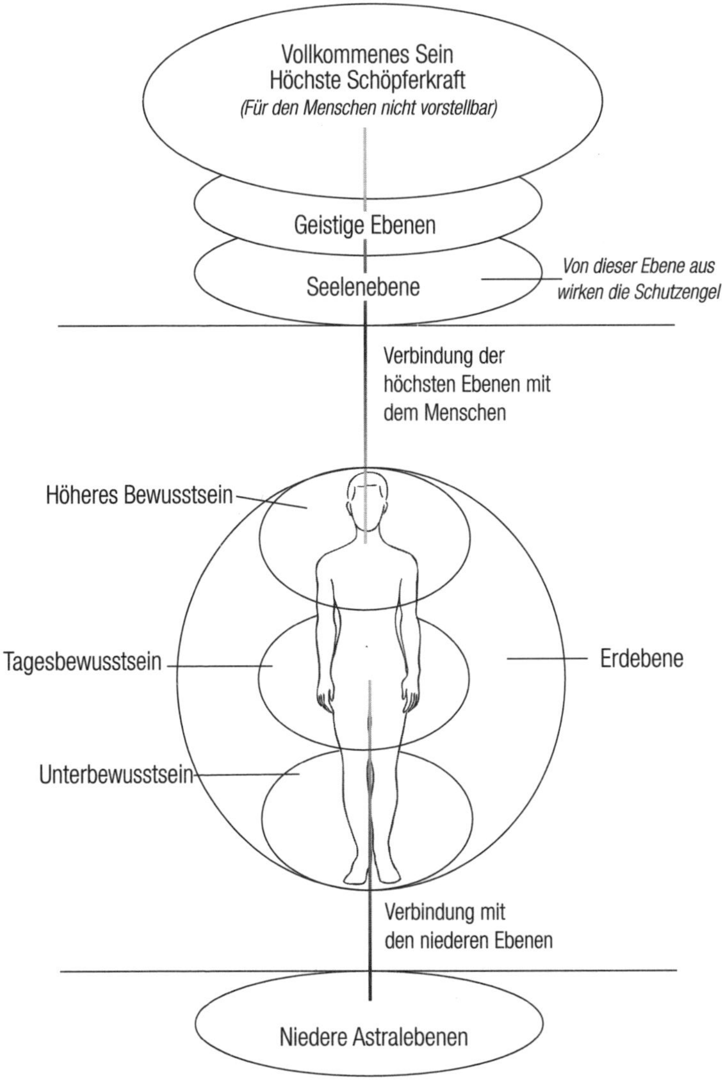
Vollkommenes Sein
Höchste Schöpferkraft
(Für den Menschen nicht vorstellbar)
Geistige Ebenen
Seelenebene
Von dieser Ebene aus
wirken die Schutzengel
Verbindung der
höchsten Ebenen mit
dem Menschen
Höheres Bewusstsein
Tagesbewusstsein
Erdebene
Unterbewusstsein
Verbindung mit
den niederen Ebenen
Niedere Astralebenen

vorkommen, dass Sie auf einer Straße fahren und die Gedanken eines „Vorfahrers“ auf dieser Straße aufnehmen. Dieser dachte an Selbstmord: „Am besten fahre ich an einen Baum!“ Sie erfassen daraufhin diesen Gedanken wie einen eigenen. Oder Sie sind in der Stadt einkaufen, und plötzlich überfallen Sie Gedanken von Perversion und äußerst negativen Gedankenbildern. Sind Sie dabei emotionslos, sind es mit Sicherheit fremde Gedanken. Wenn Sie dabei erschrecken, so ist dies nicht mit der niederen Emotion an sich zu verwechseln.

Möglicherweise sind Sie in einem Vortrag einer bislang für Sie unbekannten religiösen Gruppe und haben danach den überaus starken Wunsch, unbedingt dieser Gruppe beizutreten, obwohl Sie davor gar nicht be“geist“ert waren. Dann können Sie davon ausgehen, dass Emotionen erschaffen wurden, welche den Menschen dazu bringen sollen, sich anzuschließen. Diese fremden Gedankenformen, gepaart mit Emotionen, können sich auch in der Aura festsetzen und erst mit der Zeit in Ihr Wahrnehmungsfeld dringen. Immer wenn Druck und Zwang oder gar Hektik und Zeitmangel fühlbar sind, ist äußerste Vorsicht geboten. Sind Sie sich nicht sicher, ob die Gedanken und Gefühle Ihre eigenen oder fremde sind, lassen Sie sich einfach Zeit und horchen und fühlen Sie in sich hinein. Fremde Anhaftungen möchten eine sofortige Entscheidung erreichen und werden Sie ständig bedrängen. Die Wahrheit jedoch ist frei und wird Sie zart und ohne Druck inspirieren wollen. Bitten Sie die geistige Welt um Unterstützung und Hinweise, und Sie werden sehen, dass Sie diese bekommen. Grundsätzlich gilt, dass Druck und Zwang niemals von der Geistigen Welt aufgebaut werden. Hier herrscht immer Frieden, und die Hinweise sind ruhig und ausgeglichen. Das ist ein wichtiger Entscheidungs- und Erkenntnisfaktor auf dem Weg in die geistige Freiheit.

2

Der Unterschied der Gedanken

Um sich die Gedanken auch in ihrer Form, Farbe, Gestalt und Prägung besser vorstellen zu können, wollen wir zuerst ihren Aufbau näher betrachten. Wir können bereits über das Gefühl erahnen, dass Gedanken, welche auf die Liebe und die höheren Tugenden ausgerichtet sind, auch sehr schön und erhaben aussehen. Ebenso wie Gedankengebilde, welche stark mit niederen Emotionen beladen sind, entsprechend abstoßend oder gar hässlich aussehen.

Die Farben geben eindeutige Hinweise auf deren Inhalt. So zeigt Gelb eine strukturierende gedankliche Aktivität. Rot ist in seiner reinen Form eine Farbe der Lebenskraft und stört nur in Verbindung mit dichten Farben wie Grau, Schwarz oder Dunkelbraun. Orange steht für die physische Erhaltung und regelt viele Körperaktivitäten. Violett ist eine Farbe der geistigen Reife und spirituellen Ausrichtung. Rosa ist die Farbe der Geistigen Liebe, während Königsblau für tiefe Religiosität und geistige Hingabe steht. Ist viel helles und kräftiges Grün in der Aura zu sehen, deutet dies auf eine starke Heilenergie und eine gute Aktivität des Herz-Zentrums. Es enthüllt sich eine große Farbenvielfalt in den feinstofflichen Ebenen, welche die Wahrnehmung der irdischen Ebene weit übersteigt. Gold und Silber zeigt sich nicht am Körper und selten in der Natur, im Feinstofflichen hingegen werden wir in letzter Zeit immer mehr von diesen Farbkräften unterstützt und versorgt. Auch sind viele Mischungen vorhanden, und manchmal befindet sich in einer Gedankenform eine Vielfalt an Farben, je nach Inhalt und Ausrichtung.

So ist Schwarz die Farbe des Hasses, während Braun mit Gelb in der Aura meist Habsucht bedeutet. Dunkles Braun ist die Gier, meist vermischt mit anderen dunklen Farben, und deutet auf Energieräuber hin. Grau zeigt Niedergeschlagenheit und Lauheit an. Diese Beschreibung soll allerdings keine Verurteilung der irdischen Farben sein. Die Erde ist braun, und sie ist unser Lebensträger und Kraftspender. Orange sind die Blätter im Herbst, und das kann wunderschön aussehen. Schwarz wirkt als Abendkleid meist sehr elegant, und wir sollten vermeiden, die irdischen Farben mit den feinstofflichen Auswirkungen zu verwechseln oder gar davon ausgehend zu urteilen. Das Sehen der dunklen Farben in der Aura geht meist mit Wahrnehmungen einher, welche wir im übertragenen Sinne auch als schleimig, ätzend, klebrig, triefend, schwammig oder schmuddelig bezeichnen können. Düstere Gedankenformen mit den entsprechenden Emotionen können verzerrte Einschlüsse, warzenähnliche Gebilde und zutiefst abstoßende Formen zeigen. Es ist also nicht nur die Farbe, welche die Wahrheit enthüllt, sondern auch die Form, die Umrandung und die Dichte.

Die Chakras sind ebenfalls genau nach Farben strukturiert. Bei den Farben können wir dem inneren Gefühl durchaus Folge leisten. Schöne und angenehme Farben zeigen die höheren Werte, dunkle und unangenehme Farben drücken immer niedere Aspekte des Menschen aus.

Zuerst gilt es, sich bewusst zu machen, dass es kaum einen Gedanken gibt, der nicht in gewisser Weise auch mit Emotionen oder Gefühlen verknüpft ist. Doch wo werden die Gedanken erschaffen, welche nicht von außen eindringen, sondern selbst geschaffen sind? Auch wenn man meinen mag, die Gedanken werden im Gehirn erzeugt, muss man sich bewusst machen, dass ein Mensch, der entweder für kurze Zeit innerhalb seiner Lebensphase seinen

Körper verlässt oder ihn gar dauerhaft ablegt durch den leiblichen Tod, alle seine Gedanken und Gefühle behält. Auch alle Erinnerungen und Speicherungen werden von dem feinstofflichen Wesen, wenn es den Körper verlässt, mitgenommen.

Nicht selten berichten Menschen, dass sie während einer Operation oder durch das Einwirken erhabener Musik für kurze Zeit ihren Körper verlassen haben. Sie schwebten über diesem und berichteten in vielen Fällen, dass sie sich all ihrer Erinnerungen bewusst waren. Sie konnten denken, als wären sie im Körper, und brauchten dabei nicht das leibliche Gehirn einzusetzen. Es wurde also außerhalb des Gehirns gedacht und alle Erinnerungen mitgenommen, wobei die Individualität völlig erhalten blieb.

Nun weiß man durch die neuesten Ergebnisse der Hirnforschung, dass sich im Gehirn Zellverbindungen befinden, welche bestimmte Erinnerungen speichern, die sich bei Wiederholungen noch verstärken. Das macht die Verbindung deutlich, welche der Körper mit dem wahren feinstofflichen Wesen im Erdenleben eingeht. Dennoch kann die Seele, der wahre Mensch oder das geistige Wesen, nach dem „Tod" ohne den Körper existieren, denken und fühlen. Der Körper jedoch vermag in keiner Weise ohne das wahre Leben im Inneren weiter zu existieren. Hier wird deutlich, dass der Leib ohne die Versorgung aus dem geistigen Reich und eine feinstoffliche Präsenz nicht lebensfähig ist, also keine „Energie" für das wahre Sein und die irdische Entwicklung aufbringen kann. Die Versorgung des Geistes ist also zwingend notwendig für das Leben in der materiellen Welt. Dies legt die Folgerung nahe, dass die verhärtete Materie durch die Kraft des Geistes mit der Zeit immer mehr in die geistigen Ebenen erhöht werden muss. Jede Inkarnation hebt in einem Körper auch immer einen Teil der festen Verdichtungen an und trägt durch die geistigen Einspeisungen in das kollektive Feld zur gesamten Vergeistigung der Materie bei.

Das wahre Denken, in Verbindung mit den höheren Ebenen, wird nicht im menschlichen Körper vollzogen. Auch das Langzeitgedächtnis befindet sich nicht im irdischen Körper. Zwar sind Zellverbindungen, welche bestimmte, meist sehr emotionale Erlebnisse speichern, auch im menschlichen Gehirn vorhanden, doch sind dies nur Speicherplätze, in denen zusätzlich Information sozusagen zwischengelagert wird.

Das Kurzzeitgedächtnis mit den Belangen des Tagesbewusstseins wird weit stärker in den körperlichen Hirnarealen abgespeichert. Diese sind dem Alltagsbewusstsein somit unmittelbar verfügbar und erlauben dem Menschen schnellere Reaktionen.

Man kann dennoch sagen, dass der Verstand, als weltlicher Bestandteil, im Körper denkt. Dieser ist stark irdisch verhaftet und kann auch nur das denken, was er gelernt hat. Seine Einspeisungen sind irdische Dinge und irdische Vorgänge, und er kann auch nur daraus denken und diese verstehen. Erst im weiteren Entwicklungsweg wird auch für den Verstand die höhere Inspiration wirksam, und er verbindet sich mehr mit den feinstofflichen Bereichen des höheren Denkens. Dann kann er auch über das Herz mit intuitiven Wahrnehmungen versorgt werden und diese in seine Denkprozesse einbeziehen. Je mehr sich der Mensch aus den niederen Belangen herausentwickelt und erkennt, dass das wahre Sein nicht in dieser Welt zu finden ist, umso mehr wird der irdische Verstand vom höheren Bewusstsein geführt und übernommen. Dann wird wahres Denken auch für ihn möglich.

Nicht selten wird berichtet, dass bei der ersten wirklichen Wahrnehmung einer feinstofflichen Realität oder dem Besuch eines feinstofflichen Wesens oder eines „Verstorbenen“ der Verstand komplett überfordert war und zuerst einmal „abgeschaltet“ hat. Derartige Erfahrungen sprengen sozusagen die Grenzen, und der Verstand benötigt einige Zeit, um das Erlebte zu verarbeiten und in seinen Realitätsspeicher einzubauen. Diese Wahrnehmung wird auch nicht vom kollektiven Bewusstsein unterstützt, was es dem Verstand nochmals erschwert, die alten Grenzen zu überwinden. So kann es sein, dass man sich im Inneren der feinstofflichen Realitäten komplett bewusst ist, kommt aber der irdische Verstand in eine Situation, in der er zum ersten Mal damit konfrontiert wird, kann er zuerst abschalten und die Wahrnehmung verdrängen. Erst mit der Zeit gewöhnt er sich an die veränderte Realität.

Man sollte sich auch klarmachen, dass alle unterbewussten Bereiche, welche oft in der Nacht wirksam werden und hier etwa auch den Kiefer zum Pressen und Knirschen drängen, immer nur mit dem irdischen Gehirn arbeiten. Sie haben keinen Zugang zu den höheren Bereichen und können somit nur über das Instrument des Gehirns und über die Emotionen zum Ausdruck kommen. Deshalb ist es so wichtig, dass in der jetzigen Wandlungszeit alle unterdrückten und noch unerkannten Bereiche in die Wahrnehmung des Tagesbewusstseins rücken, damit sie erkannt und mit den höheren Werten verbunden werden können. Dann befreit sich der Mensch gleichzeitig aus den Zugriffen der niederen kollektiven Felder und von dunklen Einflüsterungen.

Nur wenn sich das Geistwesen Mensch, also die Summe seines Inkarnationspotenzials in Verbindung mit den höheren Ebenen des Geistes, im menschlichen Körper befindet, kann wahres Denken stattfinden. Das geistige Wesen kann den Körper verlassen und dennoch das Denken und alle Vorgänge speichern. Es ist stets mit den Höheren Welten verbunden.

Haben Sie das Folgende schon einmal erlebt: Sie bekommen eine sehr entspannende Massage oder eine Energiebehandlung und haben stets das Gefühl, alles bewusst zu erleben. Sie sind komplett entspannt, können aber immer wieder an bestimmte Dinge denken und bekommen jede Bewegung des Therapeuten mit. Nach der Sitzung erfahren Sie, dass Sie geschlafen haben, obwohl Sie wissen, dass dies bewusstseinstechnisch nicht der Fall war. Der Leib mag geschlafen haben, aber Ihr Bewusstsein nicht. Dieses konnte im Zustand der Entspannung Ihr wahres Wesen ein Stück in die astralen Ebenen begleiten. In der ganz nahen Astralebene bekommt man durchaus die Gefühle des Leibes mit, obwohl dieser vielleicht schon schläft.

Verlässt man in der Nacht mit seinem geistigen Wesen den Körper, arbeitet der Verstand meist weiter, gesteuert vom Unterbewusstsein. Dann werden Eindrücke vom Tag verarbeitet oder unerledigte Situationen nochmals „durchgekaut“. Dies soll nicht heißen, dass alle Vorgänge in der Nacht nur vom Unterbewusstsein gelenkt werden. Es können auch Informationen sein, welche von der Geistigen Welt eingegeben werden. Man wird gelegentlich auch zu Schulungen abgeholt, erhält eine Weisung oder hilft mit, Altlasten oder kollektive Felder aufzulösen. Dies geschieht im Auftrag der Geistigen Welt und aufgrund der Ordnung der höheren Gesetze. Doch auch wenn das geistige Wesen den Leib verlässt, ist es energetisch immer mit diesem verbunden. Würden diese Verbindungen reißen, würde der Leib sterben. Wird der Leib mit großem Schreck in das Tagesbewusstsein gezwungen, also geweckt, verursacht dies nicht selten starke Verwirrungen im Emotionalbereich. Das Herz klopft, und der Atem geht schwer. Normalerweise fügt sich der feinstoffliche Körper ruhig und langsam wieder in den leiblichen ein, und alle Energieverbindungen haben Zeit, um sich anzupassen. Bei abrupter Rückkehr muss dies mühsam nachgeholt werden.

Gehen wir zurück zu den Emotionen und Gefühlen innerhalb der Gedanken. Im Grunde sollte sich das geistige Ansinnen des Menschen darauf konzentrieren, sich immer mehr aus den Emotionen zu erheben und in höhere Gefühlsschwingungen zu gelangen. Dadurch werden die Gedanken immer weniger beladen oder belastet durch die Kraft der Emotionen und sind, natürlich je nach Prägung, in feineren Schwingungen wahrnehmbar. Ein Mensch, der sich schon stark aus den niederen Aspekten herausgearbeitet und seinen Eigenwillen in den Willen des Höheren verwandelt hat, wirkt deshalb auf uns Menschen manchmal sehr leicht und fein. Er trägt kaum mehr Verdichtungen in seiner Aura und drückt seinen Mitmenschen somit auch nicht mehr aufs Gemüt. Er wirkt frei und manchmal vielleicht sogar „leer“. Und das ist er auch! Er ist leer vom Eigenwillen und trägt keine persönlichen Forderungen mehr in seinem System. Wird ihm dann eine Anweisung oder Aufgabe aus der höheren Welt zuteil, kann seine Ausstrahlung und seine Kraft ins Unermessliche wachsen, da er ein reiner Kanal für die hohen Kräfte wird und diese sich voll entfalten können. Dann wird seine Präsenz machtvoll, jedoch immer in einer sehr angenehmen Form. Unangenehm wirken solche Lichtträger nur auf Menschen, welche noch Bereiche in sich tragen, die ihren eigenen Willen durchsetzen wollen und den höheren Willen nicht anerkennen möchten.

In der gegenwärtigen großen Verarbeitungsphase der Menschen sind die Gedanken in weiten Bereichen mit sehr viel Emotionen behaftet. So kann man durchaus Gedankengebilde erkennen, welche zu 90 % mit Emotionen erfüllt sind. Darunter ist beispielsweise ein Gedanke wie: „Kann der da vorne nicht einmal an der Ampel auf das Gas treten und zügig anfahren!“ Dieser ist sofort mit Stress durch den eigenen Zeitdruck, mit Abneigung und Verurteilung beladen und ist deshalb zu einem großen Anteil mit Emotion gefüllt. Je emotionaler, also mit je mehr unguten und lichtarmen Emotionen gedacht wird, umso voller und behafteter sind die Gedanken. „Der Kollege/die Kollegin versucht sich schon wieder beim Chef gut darzustellen“, und der Ärger, mit dem dies wahrgenommen wird, stülpt sich sofort auf den gerade erschaffenen Gedanken.

Ein weiterer erschwerender Faktor kommt noch hinzu. Bei wiederholten Gedanken, welche bereits mit einer Ansammlung von Emotionen im Energiefeld, in der Aura, vorhanden sind, verstärken sich diese und verdichten sich immer mehr, je öfter gedacht und gefühlt wird. Eine Auflösung wird dadurch natürlich entsprechend erschwert.

Im Moment gesellt sich der wichtige Faktor hinzu, dass durch die Weisung des eigenen höheren Wesens und der Geistigen Führung alle alten und verdrängten Strukturen in den Wirkungs- und Wahrnehmungsbereich des Menschen geführt werden. Diese befinden sich meist im äußeren Aura-Rand und werden nun in den Wahrnehmungsbereich geschoben. Vermutlich werden sie durch starke äußere Emotionen angeregt und können sich durch diesen Kraftzuwachs, gemäß dem Gesetz der Resonanz, nach vorne, vor den Solarplexus legen.

So zeigt sich beispielsweise, dass sich ein Mensch in vielen Bereichen seines Wesens durchaus auf die höheren Werte besinnt, jedoch immer noch einen nicht gelebten Teilbereich in sich trägt, welcher nun unaufhaltsam zur Wahrnehmung gebracht wird. Hier ist es sehr wichtig, sich bewusst zu werden, dass wir uns alle noch auf dem Weg befinden. Wir alle tragen noch Bereiche und unausgerichtete Aspekte oder Seelenfasern im Inneren, welche noch nicht die Verwandlung für den geistigen Weg erfahren haben. Es ist im Grunde ein Segen, dass dies jetzt auch in den Tiefen des Unbewussten geschehen kann. Es ist ausgesprochen wichtig, dazu auch ganz bewusst Ja zu sagen. Oft trägt man alte Erziehungsmuster in sich: Man dürfe nur gut sein und nichts „Schlechtes" tun. Doch dies erzeugt nur eine Verdrängung und schadet extrem der wahren Verarbeitung. Nur die absolute Annahme und Bereitschaft, auch den eigenen Schatten anzusehen, wird die Auflösung einleiten und die Durchlichtung der Aura ermöglichen.

Man kann sagen, die Erschaffung eines Gedanken findet dann innerhalb des Gehirns statt, wenn der Mensch in seinem Körper wohnt. Wenn man sich Gedanken macht, kreisen diese durchaus um den Kopf und können gewaltige Ausmaße annehmen. Emotionen hingegen strömen aus dem Solarplexus und sitzen nicht selten als Ansammlung darüber. Höhere Emotionen werden über das Herz wahrgenommen. Leider setzen sich über dem Herzen auch belastende Strukturen fest und können das Herz-Chakra stark in seiner Arbeit behindern.

Nicht immer lässt sich klar erkennen, woher genau die Gedanken und Emotionen stammen, da sich Wiederholungen an bestimmten Stellen festsetzen, etwa Angst vor dem Hals-Chakra oder massive Forderungen oder Drohungen im Genick. Bei einem weit entwickelten Menschen kann man feststellen, dass seine Gedanken nur noch mit wenigen Emotionen behaftet sind. Dann wird er auch in den Momenten, in denen ihm schreckliche Dinge erzählt werden, nicht in eine Verurteilung verfallen. Auch wenn eine heftige äußere Situation stattfindet, wird er ihr mit viel Ruhe und Nächstenliebe begegnen. Nichts kann ihn so schnell erschüttern, da er bereits von den höheren Gefühlen getragen und durch die nächste Schwingungsebene gestärkt und geschützt wird. Eine vollständige Ablösung von Emotionen macht einen Menschen für die niederen Aspekte des Lebens unangreifbar. Damit die Lichtschwingungen der neuen Zeit den Menschen kraftvoll erfassen können, werden alle restlichen Bereiche im strebenden Menschen gegenwärtig zur Wandlung gebracht. Dann wird er nicht durch die Transformationsenergie aus der Bahn geworfen, sondern kann stabil auch für andere Menschen wirken.

Können Sie sich an eine Situation erinnern, in der Sie das Gefühl hatten, einem Menschen zu begegnen, der extrem viel Platz gebraucht hat? Nicht nur im Gieren nach Zuwendung und in dem Ringen nach dauernder Aufmerksamkeit zur Energieversorgung hatten Sie vielleicht das Gefühl, Sie bekämen keine Luft daneben, sondern auch rein auf der Wahrnehmungsebene fühlten Sie einen dauernden Druck und unausgesprochene Forderungen. Wenn man solche Menschen feinstofflich betrachtet, sieht man mitunter eine bis zu zwei Meter starke Aura, welche von dichten und düsteren Farben durchzogen ist, und energetische Greifarme suchen fortwährend im Umfeld nach Energie. Diese greifen tatsächlich nach den Menschen in der Umgebung, was sich sehr unangenehm auf die Umwelt auswirkt.

Dabei sind sie natürlich auch ein „gefundenes Fressen“ für dunkle Energiewaben in der Außenwelt. Diese warten nur auf Menschen mit derartigen Bewegungen, damit sie sich anheften und diese als Energiezuträger ausnutzen können. Dann wird jenem Menschen in den Momenten, in denen er seine Anhaftungen füttert, von diesen meist ein kurzes Wohlfühl-Häppchen gegeben, damit er sich gut fühlt und diese negativen Ausrichtungen weiterverfolgt und auslebt.

Sehr oft begegnen wir bei unseren Mitmenschen bestimmten Emotionen und Wahrnehmungen, welche in uns uralte Erinnerungen wecken, und nicht selten wird der Gedankenform im Volksmund äußerst zutreffend Ausdruck verliehen. Volkesmund tut Weisheit kund!

- Die/der hängt an mir wie eine Klette!
- Es war wie ein Stich in das Herz!
- Es war wie ein Hammerschlag.
- Ich glaube, ich habe ein Brett vor dem Kopf.
- Ich bin außer mir.
- Mir platzt der Schädel vor Problemen.
- Mich packt etwas im Genick.
- Der zieht eine Schleimspur hinter sich her mit seinen falschen Schmeicheleien.
- Irgendetwas greift nach mir.
- Was für ein Ekelpaket.
- Ich glaube, ich hänge voller Glibber nach diesem Geschwätz.
- Rot vor Zorn.
- Grün vor Neid.

Es ist mitunter verblüffend, wie weise und wissend der Volksmund über die feinstofflichen Gegebenheiten spricht.

Im allgemeinen Sprachschatz finden wir auch Hinweise auf:

- Das Gesundheitswesen

- Das Verkehrswesen
- Das Finanzwesen
- Das geistige Gut des Volkes … und vieles mehr.

All dies zeigt deutlich auf, dass man sich auch früher bereits der Wesenhaftigkeit von kollektiven Feldern bewusst war. So wurde beispielsweise das Finanz*wesen* nicht direkt als Wesen erschaffen, das ist für einen Menschen nicht möglich, dennoch entwickelte sich eine Struktur, in der nicht selten auch Seelenfasern von Menschen hängen, welche dieses Feld mit erschaffen haben; oder auch Energie von Menschen, welche es komplett abgelehnt haben. Beide Energieformen ernähren die Felder und füllen deren Energie und Inhalt auf. Solche Wesensfelder haben einen genau geordneten Inhalt, und ab einer bestimmten Stärke wird es immer schwerer, diesen zu verändern. Dann bedarf es der Kraft vieler Menschen oder einer längeren Zeit sowie eines großen Einsatzes, um seine Essenz zu verändern.

Würden sich viele Menschen zusammenfinden, die sich des Inhaltes eines kollektiven Feldes bewusst sind, und würden sie gemeinsam für die Veränderung oder Auflösung eines morphischen Feldes beten und die Geistige Welt um Unterstützung bitten, könnte hier viel erreicht werden. Das wäre wahre Veränderung und Klärung in Harmonie mit der Geistigen Welt.

Im Feinstofflichen gibt die Form eines Gedankens einen klaren Hinweis auf seinen Inhalt. Zornesblitze sind ein gutes Beispiel dafür. Die Formen von Gedanken können dabei sehr unterschiedlich sein. So zeigt sich ein liebevoll gedachter Gedanke in schönen und zarten Gebilden. Er kann rund wirken oder auch in Blumenform auftreten. Es sind auch kunstvolle, für das Auge äußerst liebliche Gebilde möglich, je nach der geistigen Reife des Menschen. Je konkreter der geistige Inhalt umso genauer die Strukturen und die inneren Formen.

Ist der gute Gedanke mit einer klaren Richtung behaftet, etwa wenn man jemandem helfen möchte und bereits genau weiß, wie das geschehen kann, trägt die Form auch einen klaren Umriss. Der Umriss zeigt das Bewusstsein und die geistige Klarheit auf, mit der dieser Gedanke erschaffen wurde. Man kann sich nun leicht vorstellen, dass liebevolle Gedanken auch sehr helle und schöne Farben aufweisen. So ist das Rosa meist Ausdruck solcher Formen, auch helles Violett und helles Blau sind häufig vorhanden, eventuell sogar mit goldenen oder silbernen Partikeln. Je heller eine Form, desto durchdrungener ist sie von den Lichtkräften. In der Erkenntniswelt Erde und vielen nahen feinstofflichen Ebenen sind derart lichtvolle Gedanken immer mit Farben wahrnehmbar. Je höher wir in die geistige Welt aufsteigen, umso reiner und weißer wird auch die Liebesschwingung – in Richtung auf reines weißes Licht.

Gedanken voller Liebe und wahre Gefühle weisen keine Verhärtungen auf. Diese kann man jedoch bei Gedankenformen wahrnehmen, welche beispielsweise mit egoistischen Forderungen oder Zorn erfüllt sind. Je intensiver solche Emotionen in den Gedanken vorhanden sind, umso dichter und dunkler zeigt sich die Form. Meist sind scharfe Kanten wahrnehmbar, oder eindringende Keile krallen sich in die Aura. Der Rand einer solchen Gedankenform zeigt sich zerklüftet und verbeult, da sie immer wieder mit einem klaren Hassgedanken gespeist wird, wie beispielsweise: „Eines Tages werde ich es dir heimzahlen!“ Dann nimmt die Form eine immer genauere Struktur an, und der Rand weist eine scharf getrennte Energieeinheit auf. Dieser spaltet sich von den fließenden Energien in der Aura immer mehr ab, wird dadurch deutlicher und pocht auf seine drängende Dominanz. Werden solche Gedanken weiter vorangetrieben, wird die Gedankeneinheit immer stärker, dunkler und dichter. Der Rand wird schärfer konturiert, und die Farben enthalten Dunkelbraun und Schwarz.

Werden derartige Gedanken entsprechend oft mit niederen Emotionen gedacht, verlagern sich Seelenfasern des Menschen in diese Gedankenformen hinein. Diese können sich schnell vom Gesamtwesen abspalten und eigenständig werden. Das ist eine große Gefahr, denn diese abgespaltenen Gedankenformen, gepaart mit der Seelenessenz des Menschen, gehen ihrem Auftrag unerbittlich nach und versuchen, den Inhalt zu verwirklichen. Trennen sie sich vom inneren Energiefeld ab, können sie schwerlich verändert werden und bekommen von der geistigen Entwicklung und der Erkenntnis, welche der Mensch in der Zwischenzeit erlebt, nichts mit. Sie verharren sozusagen in ihrer Abspaltung und müssen irgendwann mühsam zurückgenommen werden. So kann der Gedanke durchaus auch als Werkzeug betrachtet werden, das immer den Inhalt und den „Wunsch" des Denkers verwirklichen will.

Gedanken entwickeln sich nicht, sie sind Schöpfungen und tragen ihre in sie gesetzte Bestimmung, ohne die Konsequenzen zu kennen. Sie dienen und suchen stetig nach Verwirklichung. Das macht die einmal beziehungsweise mehrfach gedachten Gebilde auch gefährlich. Bei dauerndem negativen Denken: „Das macht mich krank!" Oder „Ich werde noch verrückt!" kann somit die Krankheit in die Wege geleitet werden. Das soll keine Angst machen, da jede Erkenntnis derartige Gedankengebilde auch auflösen kann, dennoch sollten wir vorsichtig sein mit unseren Gedanken. Vor allem mit jenen, welche wir gedankenlos und unstrukturiert einfach so den ganzen Tag dahindenken. Sie sammeln sich an, und die dunklen Energieeinheiten und negativen Aspekte in der Umwelt machen sich derartige Zugänge in das menschliche System sofort zunutze. Sogenannte umher vagabundierende Energieeinheiten stürzen sich regelrecht auf Unordnung und Unbewusstheit im menschlichen System. Sie sind erfüllt von fremden Bestimmungen, welche sich dann tröpfchenweise auf den Wirt übertragen. Doch die geistige Führung wird immer versuchen, den Menschen auf etwaige unbewusste Wirkungsweisen solcher Gedankengebilde und Beeinflussungen aufmerksam zu machen. Vertrauensvoll können wir uns daher voller Dankbarkeit dieser Auflösungsarbeit hingeben.

Man kann zusammenfassend sagen:

- Die Form eines Gedankens bestimmt seinen Inhalt.
- Die Ausrichtung des Denkenden ergibt den Umriss und die Kraft.
- Die Farbe einer Gedankenform enthüllt deren emotionalen oder gefühlsmäßigen Inhalt.
- Die Dichte eines Gedankens drückt den willentlichen Inhalt aus.
- Der Ort, an dem sich eine Gedankenverdichtung befindet, gibt Aufschluss über die Wirkung sowie über den Inhalt.

Es gilt, sich bewusst zu machen, dass jeder Mensch seine ganz eigene Realität wahrnimmt. Je nach Kultur und äußerer Prägung definiert sich das „Wissen" um die Realität. Wird beispielsweise ein Kind sehr *engstirnig* – das Wort ist sehr bedeutungsvoll – erzogen, nimmt es seine Umgebung entsprechend den Erziehungsmustern wahr. Es kommt ihm gar nicht in den Sinn, dass es auch andere Lebensformen und Weisheiten gibt, da es ebenfalls dazu erzogen und motiviert wurde, sofort zu urteilen und zu verurteilen, wenn andere ihr Leben anders leben und betrachten.

Auch bei einer sehr liebevollen Erziehung wird dem Kind meist die Realität beigebracht, welche auch die Eltern erfahren haben. Es gibt die Schule, da muss man hingehen, es gibt die Familienbande, den Staat, die Steuer, das Gesundheitswesen und die Religion. Dies ist möglich und jenes nicht.

Richtlinien für das Leben sind zwar sehr wichtig, doch sollte immer auch der Hinweis auf die geistige Entfaltung und eine intuitive Lebensart vermittelt werden. Dann erhalten die Kinder die bisher erlernte Richtschnur, können sich aber frei den höheren Wahrheiten und Veränderungen öffnen. Am besten sollte man nichts festlegen, sondern immer dazu sagen: „Aus bisheriger Sicht hat man, weiß man, usw."

Es wirken die Erfahrungen, welche das Kind in seiner Entwicklung erlebt, sowie die persönlichen Altlasten aus früheren Leben, welche durchaus einen starken Einfluss auf die Wahrnehmung haben können. Wurde ein Mensch beispielsweise in früheren Leben oft verlassen, wird er diese Angst bis zur Auflösung bei sich tragen und alles, was ihm im Leben widerfährt, wird er mit dieser Brille der Wahrnehmung betrachten. Dann sagt die Mutter vielleicht nur: „Ich bin kurz beim Einkaufen“ und verlässt das Haus; und bei ihrer Rückkehr ist das Kind total in Panik und emotional völlig aufgelöst. In Beziehungen wird immer wieder befürchtet, dass der Partner die Beziehung beendet, obwohl es gar keinen Grund dafür gibt.

All die Ängste und Altlasten engen die Energie des Menschen ein und lassen der wirklichen Wahrnehmung der Realität wenig Raum. Doch auch davon kann man sich mit der Zeit immer mehr lösen. Wichtig ist die Erkenntnis, das Annehmen und der liebevolle Umgang mit der gesamten Thematik.

3

Das Gedankengut der neuen Zeit

Wenn die Durchsagen der Geistigen Welt in der Form zutreffen, wie sie mitgeteilt wurden, können wir mit einem stark erweiterten Bewusstsein der neuen Zeit rechnen. Die feinstofflichen Energiezentren nehmen bereits jetzt an Kraft und Stärke zu, und der Mensch wird mithilfe von Energien der neuen Zeit in der Lage sein, die bisher als hellsichtige Wahrnehmung deklarierten Vorgänge selbst klar zu erkennen. So werden auch die Farben der Aura sichtbar, und die Energiezentren strahlen bei entsprechender Entwicklung so, wie sie auch im Mittelalter von hellsichtigen Malern wahrgenommen wurden. Dann wird sich kein Wolf mehr im Schafspelz verbergen können, da seine inneren Tendenzen als farbliche und geformte Strukturen wahrnehmbar sind. Auch werden die inspirierenden Energien der Höheren Welt klar sichtbar in der Aura erscheinen.

Wäre diese Wahrnehmung bereits jetzt schon aktiv, würden wir bei uns allen noch dunkle Einschnitte und Verdichtungen feststellen. Alle verdrängten Aspekte oder Schattenseiten der Persönlichkeit wären sichtbar und würden die Aura in diesen Bereichen eintrüben und verdunkeln. Doch es geht gar nicht nur um alte Verdrängungen oder um unterdrückte Gedankenformen, sondern um ein liebevolles Miteinander im Alltag, um Nächstenliebe und Fürsorge angesichts der Geschehnisse in dieser Welt. Wir müssen also die Gefühle und Gedanken der eigenen Aspekte und Persönlichkeitsstrukturen ergründen, sie wahrnehmen, annehmen und auf die Liebe ausrichten. Dann können diese keinen Einfluss mehr auf die gegenwärtige Persönlichkeit ausüben, und diese kann in die Lichtschwingungen der neuen Zeit hineinwachsen.

Betrachten wir einmal genauer das irdische Umfeld. Wie viele Menschen befinden sich in unserer Nähe, denen man nicht die Wahrheit sagen kann, gleichgültig ob es sich um eigene Wahrnehmungen oder um Umstände im Alltag handelt. Sie sind schwach, ihr Ego muss gehätschelt werden und sie ertragen keine Kritik oder Hinweise für ihren geistigen Weg, da sie diesen gar nicht eingeschlagen haben. Sie wollen lediglich beachtet werden, Energie von außen abziehen und meist noch ihr Ego gesättigt bekommen. So sind manche Vorgesetzte – Männer wie Frauen – mitunter keine Chefs, sondern Kinder in Führungspositionen. Sie haben nicht das geringste Verständnis bezüglich geistiger Wahrheiten, sondern drängen nur auf Umsatz und Ego-Pflege. Mit solchen Menschen ist leider kein harmonisches Miteinander möglich. Würden sie ihre wahre Aura sehen oder ihre Aspekte, welche noch von der dunklen Seite beherrscht werden, sie würden vor Scham oder Verwirrung in den Boden sinken. Eventuell würden sie auch Machtkämpfe beginnen und alles Gute auslöschen wollen.

Mit den Energien der neuen Zeit werden nur noch solche Handlungen möglich sein, welche wahrhaft auf den geistigen Weg ausgerichtet sind. Nur solche Menschen werden an der Spitze und in Führungspositionen stehen, welche wahrhaft von der geistigen Welt inspiriert werden und sich an hohen Idealen orientieren. Würden solche Führer dann einen Fehler begehen und selbst von einem scheinbar Untergebenen auf diesen aufmerksam gemacht, würden sie sich bedanken und noch aufmerksamer dem geistigen Weg folgen, um der Gemeinschaft zu dienen und nicht dem eigenen Ego. Somit spielt es gar keine Rolle, ob der Mensch von seinem Umfeld wahrhaft und unverstellt wahrgenommen wird, sondern es dient dem Einzelnen auf seinem Weg, manchmal Hilfe von außen oder Hinweise von den Mitmenschen zu bekommen, um an sich zu arbeiten und Fehler auszumerzen. Dies stößt bei den meisten Menschen zurzeit noch auf eine große Ablehnung. Sie wollen nicht erkannt werden mit ihren Fehlern, da es ihrem Ansehen schadet oder sie von „Untergebenen" dann nicht mehr als „Führer" anerkannt werden. Und in einem gewissen Sinne haben sie angesichts der weltlichen Ausrichtung vieler Menschen zurzeit sogar recht. Zu viele urteilen und bewerten und nehmen einen scheinbar schwachen, da an sich arbeitenden Menschen nicht mehr als Vorgesetzten an.

Auch Verurteilungen, welche die Menschen noch in Massen täglich vollziehen, gehören in den Lichtschwingungen einer neuen Zeit der Vergangenheit an. Momentan können wir noch an uns selbst innere Ausrichtungen bemerken, welche Vorurteile hegen und andere energetisch herabziehen, um selbst besser dazustehen. Etliche unterdrückte Teile der eigenen Person fühlen sich noch schwach, ungeliebt oder ungeachtet an und versuchen durch unterschiedliche Vorgehensweisen an Energie zu gelangen. Sie ertragen noch keine Kritik und sind zu schwach, um sich wahrhaft auf den Weg der Freiheit zu begeben.

Dann erleben wir, wenn wir ehrlich sind – und nur so geht es wirklich vorwärts – dass sich immer wieder Aspekte des eigenen Wesens auf Vorurteile einlassen. Nicht selten werden sie von außen ausgelöst, und man schimpft dann mit den anderen mit. Das Ego fühlt sich dadurch kurzfristig besser, denn es erhält Energie und möchte sich dadurch über den Anderen erheben. In vielen Fällen ist dies den Menschen gar nicht bewusst. Sie sagen: „Man wird doch mal schimpfen dürfen!" Natürlich sollen wir die Wirklichkeit in der Außenwelt erkennen. Sie in Liebe zu betrachten heißt nicht, einfältig und tatenlos zu werden. In Liebe zu leben, bedeutet durchaus, die Schwächen im Mitmenschen zu erkennen, aber sie mitfühlend zu betrachten, um ihm vielleicht in irgendeiner Form helfen zu können. Selbst wenn wir den anderen einfach nur sein lassen.

Beobachten Sie einmal Ihren Tagesablauf. Beobachten Sie sich beim Autofahren, beim Einkaufen, beim Arzt oder beim Spazierengehen. Was denken Sie? Sind Ihre spontanen Gedanken auf Nächstenliebe gerichtet oder eher auf Verurteilung?

Machen Sie sich bewusst, dass Teilbereiche Ihrer Seele, welche noch darauf drängen, andere Menschen zu verurteilen oder sie herabzuziehen, meist selbst in der Vergangenheit Schlimmes und Schmerzhaftes durchlebt haben. Sie sind noch voller Zorn und Schock und glauben, die Menge an Schmerz nur dadurch aushalten zu können, indem sie diese auf andere Menschen abschieben oder anderes schlechtmachen. Diese Form des Ertragens ist natürlich keine Form der Auflösung oder gar der Verarbeitung. Hier bedarf es dringend der liebevollen Erkenntnis und des Bewusstseins, um was es hier auf dieser Erde tatsächlich geht. Wichtig ist, sich nicht zu verurteilen, wenn Sie gerade jetzt solche Bereiche bemerken. Nehmen Sie diese liebevoll an und erklären Sie Ihrem eigenen Teilaspekt, was der wahre Weg der Liebe und des Geistes wirklich bedeutet.

Für die Geistige Welt ist es zurzeit ein wirklich unglaubliches Unterfangen, für alle Menschen die notwendigen Hinweise und Lebenssituationen zu erschaffen, damit sie genau auf ihre Schwächen und ihre Fehlbereiche hingewiesen werden können. Es steckt eine große Liebe und Organisation dahinter, und auch wenn es uns schmerzhaft erscheint, so ist es dennoch der einzige Weg, um wirklich aus den Klauen der dunklen Seite, ihren Manipulationen und Intrigen herauszukommen.

Es ist auch wichtig, die aktuellen Erkenntniswege nicht nur in der Form zu sehen, dass alles Üble stets von außen kommt. Vieles, was uns zurzeit widerfährt, hängt mit uns selbst zusammen. Auch erleben wir immer wieder, dass es gar nicht mehr nur um persönliche Ausrichtungen geht, sondern auch um Ablösungen von kollektiven Feldern. Hängt man beispielsweise noch zu sehr an weltlichen Strukturen, kann es vorkommen, dass man seine Arbeit verliert und sich plötzlich in einer Situation befindet, aus der es kein Entkommen zu geben scheint. Dann ist starkes Vertrauen in die Geistige Führung gefragt und das Loslassen von alten Existenzängsten. Das ist besonders schwer, ermöglicht aber in der Folge auch eine intensive Nähe zur geistigen Führung. Manchmal ist man auch noch zu stark an das Familien-Karma gebunden. Dann entstehen Situationen, welche es den Betroffenen ermöglichen, eine Ablösung zu erreichen und in Freiheit mit den Ahnen und der Familie umzugehen.

Die gegenwärtigen Veränderungen sind gewaltig und tiefgreifend. Sie umfassen nicht nur persönliche Bereiche, sondern ganze Völker, Kulturen und Kontinente. Nichts bleibt mehr verborgen, nichts kann mehr unter den Teppich gekehrt werden. Doch all dies wird eine große Freiheit und Erneuerung auslösen. Der Mensch kann erkennen, wohin ihn eine Welt des Eigenwillens führt und wohin ein Gegeneinander, welches nicht auf höhere Werte und Nächstenliebe ausgerichtet ist.

Das inzwischen weitgehend vernetzte Weltgeschehen ist so voller Disharmonie, so durchtränkt von Dunkelheit und Lieblosigkeit, dass es schwerfällt, im Vertrauen zu bleiben, wüsste man nicht um die nahende Einstrahlung der höheren Kräfte und um die bevorstehende Erneuerung der irdischen Energien. Man kann sich das Leben auf der Erde zurzeit so vorstellen, als wären Krabbelkinder und Hochschul-Professoren in einer Schulklasse. In früheren Zeiten war dies in kleinen Dorfgemeinschaften durchaus üblich. Von der ersten bis zur letzten Klasse wurden alle in einem Raum von einer Lehrkraft unterrichtet. Doch so konnte man natürlich auf keinen der Schüler auf seinem Lernniveau eingehen. Die Schüler, die sich bereits gut konzentrieren konnten, wurden von den lärmenden und kichernden Kleinkindern gestört, die den Sinn des Lernens verständlicherweise noch nicht zu begreifen vermochten.

So kann sich auch in unserem planetarischen energetischen Durcheinander keine Klarheit zeigen oder die entsprechenden Energien durchsetzen, über welche diejenigen verfügen, welche bereits ein bestimmtes geistiges Niveau erlangt haben. Nicht selten erschrecken die Menschen vor der Wucht des Eigenwillens oder der niederen Triebe, welche noch viele Menschen antreiben, und sie fühlen sich extrem unwohl in dieser Welt. Doch all dies gehört zu der sogenannten „Endzeit“. Die dunklen Aspekte dürfen sich nochmals zeigen, um intensiv wahrgenommen zu werden und um all denen die Möglichkeit zu geben, sich davon zu lösen, welche noch irgendwie energetisch mit ihnen verknüpft sind oder von ihnen manipuliert werden. Je krasser die Situation ausfällt, umso deutlicher kann die Erkenntnis sein und der Weg in das Licht der neuen Zeit sich zeigen.

Es mag hart erscheinen, doch dürfen wir gewiss sein, dass die Geistige Welt den besten und sichersten Weg ausgesucht hat, den es zu beschreiten gibt und der all denen noch eine Möglichkeit zur Erkenntnis bietet, welche jetzt noch erkennen und umkehren möchten.

Es sind Heerscharen von Engeln und Lichtwesen um uns, welche alles tun, um uns zu führen, zu lenken und zu leiten und all denen Beistand zu gewähren, welche ihn erbitten. Ihre große Liebe zu den Menschen ist fühlbar, und sie helfen, wo sie nur können.

4

Inspiration oder Manipulation?

Diese beiden Worte machen bereits deutlich, wie umfangreich und vielfältig die gedanklichen Gesetze sind; wie unterschiedlich sie sich auswirken können und auf welche Auswirkungen wir überhaupt vorbereitet sein müssen. Grundsätzlich kann man sagen: Beide Situationen, also Inspiration und Manipulation, sind vorhanden, und beide geben dem Menschen die Möglichkeit, sich für das eine oder das andere zu entscheiden. Wichtig sind die Wahrnehmung, die Erkenntnis und das Bewusstsein, welchen Weg man persönlich einschlagen möchte.

Nehmen wir zuerst den negativen Aspekt der Gedanken – die Manipulation. Diese geschieht weitaus häufiger und nimmt mehr Einfluss, als wir es uns vorstellen können. Besonders Menschen, die sich der wahren Energieprozesse noch nicht im Geringsten bewusst oder primär auf die Erfüllung ihrer eigenen Bedürfnisse ausgerichtet sind, werden am meisten manipuliert. Doch auch wenn wir um die Dinge wissen oder etwas Einblick haben, werden wir immer noch in ungeheurem Maße beeinflusst. Das geschieht nicht nur durch die Medien, welche uns durch emotional beeindruckende Ereignisse und Vorkommnisse auf bestimmte Manipulationen vorbereiten, es sind auch kollektive Felder, welche genährt und erhalten werden möchten. Doch auch eigene Wahrnehmungen können den Menschen täuschen und manipulieren. Dies geschieht oftmals seht raffiniert und ist auf den ersten Blick auch von sehr bewussten Menschen nicht gleich zu durchschauen.

Das folgendes Beispiel mag dies verdeutlichen:
Hannelore ist bereits seit etlichen Jahren auf dem geistigen Weg und hat sich mit vielen emotionalen und gedanklichen Prozessen auseinandergesetzt. Auf ihrem Pfad wurde sie mit vielen Menschen bekannt und hat sich auch mit vielen Erfahrungsmustern befasst. Sie hat sich immer gewünscht, auch ihren Freundinnen und Mitmenschen diese Sicht der Dinge näherzubringen. Dabei hat sie leider erkennen müssen, dass trotz aller guten Vorsätze die höheren Gesetze dennoch sehr oft außer Acht gelassen werden. Sie ist sich der Existenz der Engel bewusst und fühlt in ihrem Herzen eine große Liebe, wenn sie an die Lichtenergien dieser Wesen denkt. Sie erlebt jedoch immer wieder, dass die Existenz der Engel und lichtvoller Wesen weitgehend negiert wird, was sie sehr schmerzt. Sie fühlt sich sogar persönlich angegriffen, wenn jemand mit dieser Thematik nichts anzufangen weiß.

Eines Tages erhielt sie von einer Organisation eine E-mail, in der sie aufgefordert wurde, am selben Abend um 17 Uhr ihre Türen zu öffnen, um bestimmten Engeln Zugang zu ihrem Haus zu gewähren. Sie überprüfte die Information gar nicht, sondern war so überwältigt, dass endlich jemand die Existenz der Engel offen ansprach, dass sie alles getan hätte, um diesen Impuls zu fördern. Pünktlich um 17 Uhr öffnete sie ihre Tür und bat die Engel förmlich in ihr Haus. Der Wunsch nach deren Nähe erfüllte sie mit großer Ehrfurcht, und es kam ihr nicht in den Sinn, dass etwas, was mit Engeln in Verbindung stand, irgendwie negativ sein konnte. Ihr Wunsch nach deren Nähe und fühlbarer Existenz war stärker als alles andere. Außerdem hatte sie schon im Hinterkopf, dass sie damit auch zu ihren Mitmenschen vordringen könnte.

Mit der nächsten Mail wurde sie aufgefordert, auch ihren Freundinnen diese Botschaft zukommen zu lassen, damit diese ebenfalls in den Genuss der Nähe der Engel kommen könnten. Voller Eifer und Tatendrang schickte sie die Mails los und erwartete von ihren Freundinnen das Einhalten dieser Anweisungen. Als Anhang sollte sie die Information anhängen, dass in dem Fall, wenn diese Anweisungen nicht eingehalten werden würden, mit Disharmonie und Negativität in allen Bereichen zu rechnen wäre. Die Türen müssten also um 17 Uhr geöffnet werden, damit die Engel Einzug in das Haus halten und dieses beschützen könnten, da ansonsten die negative Kraft vorhanden bleiben würde. Bei Missachtung erfolge die Strafe auf direktem Fuße.

Die Frau in unserem Beispiel war sich der Wichtigkeit der Engel bewusst und glaubte unerschütterlich an dieses Vorgehen. Doch eine ihrer Freundinnen hatte um 17 Uhr ihre Türen nicht aufgemacht und sich gegen dieses Vorgehen gesträubt, was unsere Engel-Freundin in eine solche Wut versetzte, dass sie jeglichen Kontakt mit dieser undisziplinierten Person abbrach. Das sollte ihre Strafe sein! Wutentbrannt wandte sie sich von ihr ab.

Doch was geschah hier, geistig betrachtet, wirklich? Was sollen das für Engel sein, denen man materielle Türen öffnen muss, damit sie einkehren können? Welche Engel sind denn nicht mit ihren Schützlingen verbunden, sobald sie gerufen und gebraucht werden? Zu jeder Zeit und in jedem Moment! Glaubt der Mensch wahrhaft, dass ein Engel erst anfragen muss, ob er anwesend sein darf? Kommt er nicht sofort, wenn er benötigt wird? Und wird der Mensch von einem Engel bestraft, wenn er ihm nicht gefällig ist und nicht pünktlich zu irdischen Zeiten für ihn das Tor öffnet?

Es geht hier nicht darum, das bewusste Einladen der Engel in das persönliche Leben zu diskutieren. Es ist wichtig, sich der Nähe der Engel bewusst zu werden und diese in Liebe in das Leben einzubeziehen. Einige Menschen verbinden sich leichter mit der Christus-Kraft und erleben diese intensiver als die Nähe der Engel. Daher geht es nicht um Wertung auf dem Weg der Liebe, sondern lediglich darum, ein dunkles Vorgehen aufzudecken und die Verblendungen aufzuarbeiten, die dem Menschen in der Folge wieder die Freiheit seines Geistes ermöglichen werden.

Sobald Zwang und Forderung im Spiel sind oder gar mit Strafe gedroht wird, ist niemals die liebevolle Geistige Welt im Spiel. Nur dunkle Energien oder dämonenhafte Wesen benötigen eine „Einladung“ in das Haus. Erinnern Sie sich an die alten Legenden von Vampiren? Diese benötigen grundsätzlich eine Einladung in das Haus, da sie ansonsten nicht hinein und den Menschen überfallen können. Das zeigt uns auch, dass der Mensch im Grunde geschützt ist und nur seine eigenen Entscheidungen oder seine Fehler der Dunkelheit Einlass gewähren.

Dunkle Wesen können richtig wütend werden, wenn ihren Forderungen nach Einlass nicht nachgekommen wird. Diese fremde Forderung drückte sich in unserem Beispiel deutlich als Wut der Frau aus, welche ihre Freundin aus ihrem Leben verbannt hat, da diese nicht folgsam war. Wäre sie frei von Beeinflussung, hätte sie achtsam und liebevoll reagiert und nicht mit Zorn.

Doch auch diese Lebenssituation ist wichtig, damit die Frau erkennen kann, dass ihr übermäßiger Wunsch, die Realität und Wahrhaftigkeit der Existenz der Engel zu verbreiten, besetzt war von Energien des Missionierens und auch von persönlicher Suche nach Anerkennung. Sie war nicht frei und achtsam, sondern zwanghaft und fordernd ihrem Umfeld gegenüber. Sie achtete nicht die Freiheit ihrer Mitmenschen, sondern wollte unbedingt deren „Entwicklung fördern“. Das hat auch mit persönlicher Bestätigung zu tun und einer Ich-Umkreisung der Energien in der Aura.

Sagt man solchen Menschen im Moment der kompletten Einflussnahme von dunklen Energien, dass sie vermutlich einer Verwirrung unterliegen und die wahre Liebe der Engel nichts mit Druck und Forderung oder gar mit materiellen Türen zu tun hat, geraten diese vermutlich zuerst in komplette Ablehnung und Wut. Sie verfallen in Rechtfertigung und sogar Schuldzuweisung, da sie in den Tiefen vielleicht schon erkennen, dass etwas nicht stimmt.

Doch auch derartige Wutgefühle können nur dann von dunklen Energien übertragen werden und sich festsetzen, wenn bestimmte Grundbedingungen im Inneren bereits vorhanden sind. Um diese inneren Vorgänge geht es in Wahrheit. Diese sollen erkannt und umgewandelt werden, damit keine Einflussnahme von außen mehr stattfinden kann. Dann setzt wieder Freiheit für den Menschen ein, und er wird nicht mehr von Emotionen beherrscht.

Sobald starke Emotionen, egal in welcher Richtung und Neigung, im Inneren aufsteigen und wahrgenommen werden, hängen diese immer mit gedanklichen Strukturen zusammen. Schwächere Ausrichtungen übertragen nur kurzzeitig ein intensives Gefühl, und man fragt sich vielleicht, was war denn das gerade für ein Impuls? Doch sobald die Problematik größer ist, länger andauert oder auch noch fremd besetzt ist, werden starke Emotionen aktiv und versuchen mit allerhand Vorspiegelungen, den Menschen in eine spezielle Richtung zu drängen und die Erfüllung ihres Programms zu erreichen. Das kann man sehr oft gar nicht im ersten Moment des Wirkens erkennen, doch beobachtet man sich sorgfältig und analysiert die auftretenden starken Emotionen, kann man den Inhalt erkennen und die Wahrheit kann sich zeigen. Dazu gehört natürlich der intensive Wunsch nach innerer Entwicklung und Freiheit des Geistes sowie eine große Portion Mut, zur eigenen Schwäche und zur persönlichen Fehlbarkeit zu stehen.

Doch auch die persönliche geistige Bemühung auf dem Pfad zu mehr Kraft, Eigenverantwortung und Standhaftigkeit kann den Menschen kurzzeitig von seinem Weg abbringen und in die Fänge von starken negativen Feldern drängen. Hier berühren wir das Thema Sekten. Diese benutzen ein starkes Dunkelfeld und drängen sich massiv in die Entscheidungsgewalt des Menschen. Dies können sie auch dadurch erreichen, indem sie einem bedürftigen Menschen vorgaukeln, dieser könne nur bei ihnen die notwendige Zuwendung und Nähe erfahren.

Nicht selten wird das „Auserwähltheits-Syndrom" benutzt, um dem Menschen eine Wichtigkeit zu vermitteln, nach der er sich schon lange sehnt. Ist er sich der List und Tücke von dunklen Wesen, welche schwache Seelen einfangen wollen, nicht bewusst, tappt er in die Falle. Er fühlt sich dann für kurze Zeit wichtig und angenommen, was durchaus ein angenehmes Gefühl vermittelt. Er muss natürlich absolut folgsam bleiben und hat sich den Anweisungen der Gruppe vollkommen unterzuordnen. Tut er dies nicht, wird er mit Missachtung und Strafe belegt, was er tunlichst vermeiden möchte, da ansonsten wieder das „schlechte" Gefühl auftaucht. Einsamkeit und Ablehnung, Nicht-Geliebt-Sein und manchmal auch uralte Gefühle von Verstoßen-Sein dringen an die Oberfläche und fühlen sich sehr unangenehm an. Doch genau solche alten Speicherungen, wie abgegebene Versprechen, Treue-Eide und Dienst-Schwüre, sind neben der Stärkung oder Erkenntnis von geistigen Fehlprogrammen der Persönlichkeit die Hintergründe solcher Erfahrungen.

Immer wieder können hier bestimmte Muster wahrgenommen werden:

- Es wird Druck auf den Menschen ausgeübt.
- Es werden ihm Versprechen gemacht und Erleichterungen auf dem geistigen Weg vorgespielt.
- Es wird ihm Schutz und Halt in der Gemeinschaft versprochen.
- Eine unterschwellige Angst sitzt immer im Nacken, was mit der Zeit deutlich wahrgenommen werden kann.
- Bei Nichtbefolgung der Anweisungen erfolgen Strafen.
- Nicht selten ist man etwas „Besseres" oder „Höheres" und hebt sich von den anderen Menschen ab, wenn man der betreffenden Gruppe angehört oder mitmacht im Sektensystem.
- Es ist meist untersagt, nebenher noch etwas Anderes oder Ähnliches zu machen.
- Man wird immer mehr von Familie, Freunden und Außenwelt abgeschottet, was durch massive Gedankenprojektionen in die Aura erfolgt.

- Man darf nicht zu anderen Therapeuten gehen oder sich in irgendeiner Weise von fremdem Gedankengut beeinflussen, also vom „wahren“ Weg abbringen lassen.
- Es wird keine andere Weisheit geduldet und auch keine Menschen, welche eine andere Ideologie verkünden oder für sie einstehen.
- Meist werden „anders-gläubige“ Menschen als schlecht bewertet und als störend auf dem „rechten“ Weg empfunden.

Im Moment nehmen derartige Gemeinschaften immer mehr zu. Nicht selten tarnen sie sich auch als Heilungswege, die man für seinen persönlichen Weg nutzen kann. Sie können sich auch als Therapiewege zeigen, die man erlernen kann, um dann als erfolgreicher Therapeut zu arbeiten und das System so in die Welt zu tragen und erweitern zu können. Mit Inhalten, die durchaus richtig sind, und Informationen, welche den geistigen Weg fördern, werden die Menschen getäuscht und geblendet. Man fühlt im Inneren, dass diese Wahrheiten zutreffend sind, doch dringt bereits unterschwellig unter den Wahrheiten die negative und beeinflussende Dunkelenergie ein.

Es soll hier deutlich gesagt werden, dass wunderbare und lichtvolle Wege in der Therapie und in der Therapeuten-Ausbildung existieren, die nicht mit Ausschließlichkeit, Zwang und Angst arbeiten. Sie respektieren die Freiheit und lassen jedem Menschen seine Entscheidungskraft. So kann es auch bei der Lichtarbeit am Anfang geschehen, dass man sich schlecht fühlt, da man sich noch in der eigenen Aufarbeitungsphase befindet und eigene Fehlausrichtungen betrachtet und umgewandelt werden müssen. Doch dies kann bei genauer Betrachtung immer analysiert und als wichtiger Schritt erkannt werden, wenn man auch das Gegenüber betrachtet und nicht nur sich selbst sieht.

Im Fernsehen laufen beispielsweise für Kinder bereits einige gute Sendungen, welche auf Information und Werten aufgebaut sind. Sie beinhalten durchaus auch „die böse Fee“ aus den Märchen, die den Menschen an seine archaischen Strukturen bringt und dadurch Erkenntnis und Entscheidungen fördert. Doch ein Großteil aller Filme ist stark auf Gewalt ausgerichtet. Derartige Bilder prägen sich dem Erinnerungsspeicher des Menschen ein und beeinflussen ihn. Das kollektive Gedankengut wird gespeist von Gewaltbereitschaft, Hass und Intrigen. Diese wirken immer auf das Gemeinschaftsfeld und machen auch den Menschen zu schaffen, welche sich diesem Einfluss nicht hingeben möchten. Es wird immer normaler – mit der Gewalt konfrontiert zu werden. Wenn sie dann in der realen Welt geschieht, ist man ja schon gut vorbereitet. Horrorfilme über Virenattacken lösen eine kollektive Angstpsychose aus und fördern so die Impfbereitschaft. Beginnen dann die Nachrichten über erste Todesopfer einer bestimmten Viruserkrankung, versucht das Angstfeld sofort in die Aura des Menschen einzudringen und ihn so zu beeinflussen, dass er sich impfen lässt. Doch was lässt er denn mit der Impfung in seinen Körper? Ist dies der Vorbote einer kollektiven Beeinflussung, welche sich auf der Zellebene vorbereitet? Können darüber in der Folge vielleicht erst Krankheiten wirksam oder bestimmte Menschengruppen gar ausgelöscht werden?

Auch hier geht es nicht darum, Impfungen grundsätzlich zu verneinen. Sie haben schon viele Leben gerettet. Wir wollen ausschließlich die Achtsamkeit fördern. Jeder Mensch muss für sich selbst herausfinden, ob eine bestimmte Impfung für sich oder seine Kinder gerechtfertigt ist.

Es ist sicherlich bereits hinlänglich bekannt, dass die Menschheit über die Werbung manipuliert werden soll. Dies reicht vom manipulativen Kaufdruck bis zur Verschiebung der wahren Werte des Menschen. Dann ist man nur noch jemand, wenn man dieses oder jenes Produkt erworben hat und nicht mehr, wenn man sich menschlich und spirituell weiterentwickelt.

Hier gilt es zu beachten:

- Gleich geartete Muster und gleich schwingende Gedanken verbinden sich!

- Verdichtete Energie sucht ihresgleichen und will sich vereinen!

Dies ist ein wichtiger Hintergrund bezüglich des Wissens über die Gedanken. Den manipulativen Mächten ist dieser natürlich hinlänglich bekannt und wird komplett ausgenutzt. Will man die Welt auf bestimmte Ereignisse vorbereiten oder führt die Politik etwas im Schilde, wird die Masse entweder mit Horrorgeschichten, über die man herziehen oder sich entsetzen kann, abgespeist und abgelenkt oder es wird immer ein neues Bröckchen gleicher Art geliefert, damit der Kuchen mit der Zeit größer wird und man sich „eingewöhnen" kann. Die Hemmschwelle hat sich dann schon etwas gesetzt!

So mancher Werbespot nutzt diesen Aspekt ebenfalls und erscheint bereits nach einer einzigen anderen Werbung erneut. Mit der Zeit brennen sich dann bestimmte Informationen so stark in das System ein, dass sie zeitweilig als „eigene" betrachtet werden. Dann steht man im Geschäft und kauft ganz automatisch das bestimmte Produkt, da man den Impuls bekommt – „Kaufe dies!" – obwohl er nicht wirklich dem eigenen Inneren entspringt.

Doch auch hier sind wir den andauernden Einflüssen nicht willenlos ausgeliefert. Das Bewusstsein, die Erkenntnis und der aufrichtige Wunsch nach geistiger Freiheit öffnen uns für die wirklichen Impulse aus unserem eigenen Inneren und für die Hinweise aus der geistigen Welt.

Nachdem wir einige manipulative Gedanken betrachtet haben, wenden wir uns nun den inspirativen Gedanken zu. Vermutlich kann man bei den inspirativen Gedanken nur selten genau sagen, woher sie kommen. Sind sie das Ergebnis eigener Entwicklungen und Gedankengänge oder sind sie Botschaften und Hinweise aus den Geistigen Ebenen? Oder sind sie beides zusammen?

Wenn man sich auf dem spirituellen Weg befindet, an sich arbeitet und sich den Lichtreichen des Geistes nähert, spielt das genaue Wissen der Herkunft einer Inspiration keine Rolle mehr. Es ist unerheblich, da man keine persönlichen Lorbeeren und das Ego keine Lobenergien mehr benötigt, sondern sich freut, von solchen Lichtimpulsen und Gedankengängen inspiriert und geführt zu werden. Es bedeutet Glück und Segen und wird nicht mehr hinterfragt, da es keine Rolle mehr spielt. Die Einheit zählt und nicht mehr die einzelne Wahrnehmung.

- Nicht nur die verdichteten, erdgebundenen menschlichen Gedanken suchen nach Verbindung und Einheit mit ihresgleichen, auch die Lichtenergien und feinen Schwingungen des Geistes vereinen sich immer mehr und unterstützen den Menschen.

In den persönlichen Bereichen handelt es sich in vielen Fällen um wahre geistige Begleitung und tiefe Inspiration. Es erwacht das Bewusstsein dafür, dass wir alle eins sind und auch eins sind mit dem GEIST. Dann fallen dem Menschen plötzlich neue Lösungswege ein oder Erkenntnisse werden gesammelt, welche bislang noch verborgen waren. Vielleicht werden Entdeckungen gemacht, welche für das Allgemeinwohl von großem Nutzen sind.

Möglich werden solche persönlichen Inspirationen aber erst, wenn sich der Mensch bereits aus vielen Gedankennetzen der Masse oder aus alten Lebensmustern herausentwickelt hat. Wenn er sein Ego nicht mehr pflegen muss und seine Energien nicht mehr dadurch sättigt, dass er sich Anerkennung oder Aufmerksamkeit von außen holen muss.

In der Übergangszeit in ein neues Zeitalter ist es erforderlich, auch die feinen Persönlichkeitsstrukturen in die reinen Schwingungen der höheren Liebe zu wandeln. Wie man dies mit noch mehr Einsatz und Aufmerksamkeit erreichen kann, behandeln wir in einem späteren Kapitel.

Ein anderer Aspekt bezieht sich auf die energetische Veränderung einer größeren Gruppe oder gar eines Volkes. Hier können auch Menschen von der Geistigen Führung eingesetzt werden, welche es sich zur Aufgabe gemacht haben, eine kollektive Verwandlung zu erreichen oder wenigstens einzuleiten. Derartige Umwandlungen erfordern mitunter auch eine gewisse Härte und Dichte, und zu sensible Menschen könnten dieser Aufgabe somit nicht gerecht werden. Sie dienen der Allgemeinheit und dem Wohle der Entwicklung und können auf ihrem geistigen Weg einen großen Entwicklungsschritt erreichen, indem sie der Inspiration der Geistigen Welt dienen.

Nehmen wir gegenwärtig die großen Wandlungen in vielen islamischen Ländern. Mögen sie teilweise auch von der westlichen Welt angeschoben werden, so dient die Veränderung in der Tiefe dennoch dem Wohle und der Freiheit der Menschen, welche die Wahrheit annehmen können. Manche Völker können relativ friedlich einen Regierungswechsel und Sturz der Diktatur erreichen, was anderen Nationen nicht gelingt. Vielleicht noch nicht, denn das kollektive Karma ist noch zu dicht, aber die Zeichen der Umwandlung sind gesetzt. Hier kann man auch immer wieder die positiven Seiten der globalen Information erkennen. Über das Internet werden Informationen und Weisungen an die Menschen weitergegeben. Hierüber erfahren viele erstmals, wie es wirklich in anderen Ländern zugeht.

Man kann immer deutlicher erleben, dass sich die Menschen nicht mehr so leicht unterdrücken lassen, sondern sich auflehnen gegen die massive Beraubung ihrer Freiheit. Hier setzt sich ein neues Bewusstsein durch. Die Erkenntnis der Wahrheit breitet sich unaufhörlich aus, und die Fang- und Energienetze der Unterdrückung beginnen vielerorts Risse zu zeigen.

Auch wenn die kollektive Beeinflussung der dunklen Seite immer noch sehr aktiv erscheint, wird ihr dennoch in kürze die Grenze gesetzt. Noch verwirrt sie viele Geister, noch zieht sie viele Menschen in ihren Bann und verhindert die Entwicklung von Mitmenschlichkeit, doch setzt sich auch hier immer mehr ein neues Bewusstsein durch. Das ist auch dem intensiven Wirken einer höheren Ordnung zu verdanken, welche allen Menschen, die sich bereit fühlen und offen sind für die Lichtschwingung, Inspirationen vermittelt und Botschaften, wie man zum einen noch an sich selbst arbeiten und zum anderen dem Allgemeinwohl dienen kann.

5

Eigenes Denken als Manipulation

Manche Menschen glauben, „alles im Griff zu haben“ und alles erreichen zu können, was sie sich nur vorstellen und was sie sich aus dem Willen heraus wünschen. Ihr Ego macht ihnen vor, dass sie selbst der Herr über das Leben sind. Doch dies sind Gedanken und Strukturen aus den aus dem Licht und der Fürsorge Gottes gefallenen Bereichen. Sie fühlen sich als Herrscher und glauben, die Herren der Welt zu sein. Um eine korrekte Sicht auf die Hintergründe zu gewinnen gilt es, das Folgende zu beachten.

Wenn der Mensch einmal so weit entwickelt ist, dass er seine karmischen Lasten abgetragen und seine Persönlichkeit bereits innig mit der geistigen Liebe verbunden hat, ist es der geistigen Führung mit Sicherheit stets und immer ein Anliegen, ihm seine wirklichen und wahrhaftigen Bedürfnisse alle zu erfüllen.

Es ist immer deutlicher zu erkennen, dass einige Menschen nur noch an den Restfasern ihres Karmas arbeiten und dieses in Kürze bereits gänzlich aufgelöst haben werden. Sie bemühen sich auf dem Weg der Nächstenliebe und der Überwindung ihres Egos. Auch wenn es noch an einigen persönlichen Schwächen mangelt und die Betreffenden immer wieder den Einfluss eigenwilliger Bereiche bemerken, sind sie dennoch auf die Führungsenergien der Lichtwesen eingestimmt. Haben solche Menschen dann noch einen sehnlichen Wunsch, selbst wenn er sich auf ein weltliches

Vorgehen bezieht, etwa nach Mexiko in den Urlaub fahren zu können und die großartigen Pyramiden zu bestaunen, wird die geistige Führung versuchen, diesen Wunsch zu erfüllen. Doch auch kleine Wünsche werden erfüllt, wenn es die Entwicklung nicht stört und in keiner Weise nur das Ego befriedigt wird.

Hier zeigt sich sehr eindrücklich, dass Menschen, welche sich auf höhere Werte ausrichten, meist gar keine so starken Bedürfnisse in der irdischen Welt mehr haben. Sie genießen die schönen Dinge des Lebens, könnten aber auch ohne sie sein. Natürlich bedarf man der Dinge für den Alltag, doch werden diese nicht mehr mit der Härte des Egos eingefordert, sondern als innerer Wunsch geäußert. Man übergibt den Bedarf der höheren Welt und lässt diese entscheiden: „Herr, Dein Wille geschehe!" Es liegt eine weitreichende Bedeutung in dieser Übergabe an die geistige Welt und im Aufgeben des Eigenwillens, welcher kein Nein duldet, sondern „seinen Willen" durchsetzen will.

Deshalb darf man ruhig Wünsche äußern, aber stets im Bewusstsein, dass man auch die Nichterfüllung annimmt, wenn die Erfüllung den geistigen Weg stören, Verarbeitungen stoppen oder das Ego aktivieren würde.

Leider wurden in der letzten Zeit ständig Ego-Wünsche an das Universum abgegeben und dann kräftig reklamiert, als diese nicht erfüllt wurden. Man suchte sich alles zusammen, was man in dieser Welt nicht annehmen wollte, welche Aufarbeitungen zu anstrengend waren und welcher Mensch aus dem Umfeld verschwinden sollte, weil man sich nicht um die tieferen Hintergründe von Problemen kümmern wollte. Nur weit weg von jeder karmischen Auflösung oder allen anstrengenden Prozessen! Hauptsache man hat es wieder lustig und locker und muss sich nicht mit diesen negativen Sachen herumärgern.

Doch leitet diese Haltung nicht selten das Ende der Auflösung ein. Man fällt tiefer in die Fallen des Egos, und Unmut und Disharmonie machen sich breit. Da liegt in keinem Fall die Lösung der Probleme. Diese Erde ist nun einmal kein Urlaubsplanet, sie ist ein Arbeitsplanet, auf dem es uns nach getaner Arbeit aber durchaus auch gut gehen darf. Während der „Arbeitsphase" ist absolute Bereitschaft und Offenheit für die Vorgaben der geistigen Führung allerdings die Basis für die Entwicklung eines neuen Bewusstseins. Will man sich hier an den Vorgaben des Egos festhalten, ist kein wirkliches Vorwärtsschreiten möglich.

Nicht selten reagiert das Ego jedoch mit Zorn und Ärger, wenn es seine Wünsche nicht erfüllt und seine Begierden und Energiebedürfnisse nicht gestillt bekommt. Es verwirrt den Geist des Menschen und versucht, ihn mit negativen Vorgaben zu beeinflussen. Die Außenwelt gibt hier schnell die notwendige Energie dazu, und schon befindet man sich in den Fängen des Egoismus. Dann sitzt der „Feind" im eigenen Inneren, und man bemerkt ihn oft gar nicht. Dann wird gefordert und verlangt, dann wird verurteilt und verachtet, was sich zu einer starken Energie auswachsen kann. Die aufgewendete Energie kann sich zu einem dichten „Kloß" verbinden und sich platz- und energiefressend im System des Menschen einnisten; dass derartige Gebilde wieder abgetragen werden müssen, ist die logische Schlussfolgerung.

Manchen Menschen stehen aus alten Zeiten noch magische Energien zur Verfügung, welche mit großer Macht ihre Forderungen durchsetzen wollen. Die geistige Führung lässt solche Strukturen manchmal noch eine gewisse Zeit zu, doch kann man immer mehr erkennen, dass diese Kräfte im Wandel der neuen Zeit mehr und mehr nachlassen und zerbrechen. Der lieblose Hintergrund wird den Menschen in der Umgebung offenkundig. Dann bricht alles auf. Alles kommt ans Licht und muss betrachtet werden. Dann wird gejammert und gefleht, doch muss das selbst Erschaffene auch wieder selbst abgetragen werden. Auch hier ist die Annahme wiederum der einzige Weg zur Auflösung. Projektionen nach außen und Schuldübertragungen schenken kurzfristig Erleichterung, doch verursachen diese nur wieder neues schlechtes Karma.

Wenn man im Inneren starke Wünsche verspürt, sollte man sich fragen, warum diese vorhanden sind. Meist sind schmerzliche Erfahrungen der Hintergrund, und unterbewusste Teilbereiche der Seele wollen einer erneuten Erfahrung in dieser Hinsicht vorbeugen. So kann es sein, dass eine Frau deshalb extrem eifersüchtig ist, weil sie ein sehr schmerzliches Erlebnis in ihrem Inneren trägt, welches sie noch nicht vergeben kann und daher nicht verarbeitet hat. Dann lauert sie ständig auf Hinweise ihres Mannes, ob dieser vielleicht doch noch eine andere Beziehung hat. Genau diese andauernden Gedanken verknüpfen sich mit der Zeit zu solch einem starken Gebilde, gepaart mit starkem emotionalen Druck, dass es selbstständig wird, sich mit Seelenfasern der Frau auflädt und so eine Eigendynamik entwickelt, die den Mann so machtvoll zum „Fremdgehen" manipulieren kann, dass es eines Tages geschehen wird, obwohl er es gar nicht will.

Jegliche selbst aufgebauten und von der Persönlichkeit produzierten Gedankengebilde sind meist mit starken Emotionen aufgeladen und müssen auch von dieser wieder abgebaut werden. Da die Weisheit der Geistigen Welt unantastbar ist, können wir davon ausgehen, dass die Erfahrungen und Ereignisse, welche sich in unserem Leben abspielen, immer auch mit uns zu tun haben. Sie dienen vermutlich der Auflösung oder sollen uns dazu anregen, noch lieblose Strukturen des eigenen Wesens zu verwandeln. Man kann dies ganz besonders daran erkennen, wenn man emotional berührt wird. Dann hat es immer mit einem selbst zu tun und sollte nicht weggeschoben werden.

Natürlich ereignen sich auch Geschehnisse im eigenen Umfeld, welche mit einem selbst nichts zu tun haben. Dies lässt sich leicht daran erkennen, dass sie einen im Inneren nicht mehr aufregen und aufwühlen. Man ist mit einer neutralen Wahrnehmung zugegen und kann objektiv das Geschehen verfolgen. Besonders in Großfamilien oder auch an der Arbeitsstelle, wo viele Menschen zusammen sind, ereignet sich im gegenwärtigen Wandlungsprozess sehr viel, und man sollte nicht alles auf sich beziehen. Die Beobachtung der eigenen Emotionen wird hier Aufschluss geben. Auch wenn man sich nicht sicher ist, ob man vielleicht doch vom eigenen Ego getäuscht wird, gibt es immer Hinweise oder flüchtige Eindrücke, damit man ein Ereignis richtig erkennt und gegebenenfalls zur Lösung beitragen kann.

Man kann auch zu Hause, meditativ in der Stille, das Geschehen nochmals vor dem inneren Auge vorbeiziehen lassen. Wenn man die Emotionen fließen lässt und den Gedanken lauscht, kann man vielleicht doch den einen oder anderen Gedankengang korrigieren oder entstandene Emotionen auf die Liebe ausrichten.

6

Gedanken – Verstand – Bewusstsein

Die Gedanken sind nicht der Verstand, und der Verstand ist nicht das Bewusstsein!

Der menschliche Verstand kann primär nur die Gedanken denken oder aufnehmen, welche er im Laufe seines jetzigen Lebens gelernt oder angenommen hat. So kann ein Säugling noch keine komplexen Gedankengebilde erschaffen, genauso wenig wie ein Erstklässler noch kein Abitur ablegen kann. Das menschliche Gehirn ist mit der Geburt noch nicht voll entwickelt. Mindestens ein Jahr benötigt es, um die Grundsubstanz auszubilden. Im weiteren Verlauf wird das Gehirn, je nach Anregung und substanziellen Möglichkeiten, seine weitere Kapazität ausbauen.

Auch nimmt das Gehirn nur einen geringen Prozentsatz wirklich zur Speicherung an. Mögen es zehn Prozent sein oder etwas mehr, es wird immer nur das als Wahrheit und als potenzielle Speichermasse abgelegt, was als sinnvoll und lebensnotwendig erachtet wird. Der gesamte Rest wird in einem feinstofflichen Speicher untergebracht, der dem Alltagsbewusstsein im Allgemeinen nicht zugänglich ist. Nur in Hypnose kann diese Speicherung aktiviert und wieder in das Verstandesbewusstsein gebracht werden.

Das Gehirn ist eng mit den materiellen Gegebenheiten gekoppelt. Es kann nur entsprechend seinen Vorgaben mit Leistungen aufwarten. Dennoch geschieht es immer wieder, dass ein Kind, obwohl die Eltern ihren geistigen Radius nicht sehr weit ausgebaut haben, große geistige Prozesse durchläuft oder auch seine Verstandeskapazität voll ausschöpft. Dies hängt von den individuellen Aufgaben und Vorgaben ab, welche sich die Seele vor der Inkarnation vorgenommen hat.

Das Gehirn lernt bis zum leiblichen Tod. Es ist bis ins hohe Alter ausbaufähig. Die Zellen sind ständig erweiterungsfähig, und es wäre wichtig, nicht das kollektive Gedankenfeld der Alterssenilität zu ernähren, sondern sich aufzuraffen und die Gehirnzellen zu aktivieren.

Der Verstand ist körperorientiert. Der Verstand kann nur die Informationen verwerten, welche er aufgenommen und gelernt hat. Mit Bewusstsein hat das noch lange nichts zu tun. So kann ein Mensch sein Abitur mit Bravour abgelegt, das Studium hervorragend bewältigt haben und sich mit den schwierigsten mathematischen Belangen dieser Welt auskennen – doch sein Bewusstsein um die Wahrheit der Dinge kann nur minimal ausgeprägt sein. Seine Verbindung in die höheren Erkenntnis- und Wissenswelten sind dürftig, und seine Intuition lehnt er komplett ab. Meist werden solche Menschen völlig von den Impulsen des Eigenwillens gelenkt. Die Welt ist ihr „Gott" und ihr Status darin ihr einziger Sinn. Sie sind manipulierbar, höchst berechenbar und in ihrem Verhalten vorhersehbar, da die Reaktionen des Eigenwillens und der Verstandeskraft fast immer gleich ablaufen. Kratzt man beispielsweise an ihrem weltlichen Status, werden sie sofort aktiv und versuchen, die alte Form wiederherzustellen. Sie haben somit ihren Verstand und ihr Ego zum Herrscher auserkoren.

Der Verstand sollte uns nicht als Herrscher, sondern als Teil einer größeren Einheit dienen. Ein gut ausgeprägter, wacher Verstand ist auf dem geistigen Weg etwas Wertvolles. Er kann dem Menschen sehr dienlich sein und im weiteren Verlauf selbst immer offener werden für die höheren Weisungen, welche aus den geistigen Ebenen zu ihm gelangen. Man kann sich den Verstand wie ein Sieb vorstellen, das höhere Weisungen durch seine Öffnungen empfangen kann. Zuerst lernt der Mensch bestimmte Gegebenheiten, so wie sie auf der Welt ablaufen, und erkennt schrittweise, wie man das Leben bestmöglich bewältigen kann. Hat die Seele selbst bereits einen gewissen Reifegrad erlangt, wird der Mensch bereits als Kind „viele Öffnungen in seinem Verstandessieb" aufweisen können. Die Intuition ist gut ausgeprägt, und solche Kinder durchlaufen nicht selten sehr sensitive Phasen. Sie sehen Dinge und Wesen, welche den Erwachsenen eher selten zugänglich sind. Dann passiert es meist, dass die „gelernten" Vorgaben der Verstandeswelt solche Wahrnehmungen als Spinnerei abwerten, und der junge Mensch verstopft dann selbst die Poren seines Verstandessiebes zur feinstofflichen Welt.

Als Kind wird man dazu erzogen, das zu glauben, was die Eltern oder Lehrer vorleben und selbst glauben. Erst im weiteren Verlauf kann man sich wieder befreien und seine eigenen Wege gehen. Dann liegt es immer an einem selbst, wie weit man sich den höheren Weisungen öffnen möchte oder wie intensiv man sich von den vorgeprägten und verdichteten Gedankenmustern dieser Welt lösen möchte.

Es gilt sich bewusst zu machen, dass der Mensch mit seinen Gedanken die Welt in ihrer Darstellung selbst erschaffen hat und diese auch täglich durch ihre Akzeptanz und ein ständiges gedankliches Erneuern belebt und aufrechterhält. Die sogenannte Realität wird vom Menschen selbst erschaffen.

Die Quantenphysik gibt hier einen bedeutungsvollen Einblick. So wurde inzwischen eindeutig nachgewiesen, dass die Elementarteilchen nur dann die vorgeplanten Ergebnisse liefern, wenn ein bewusster Beobachter das Vorgehen betrachtet. Ein Mensch also, der in seinen Gedanken die möglichen Ergebnisse des Versuches kennt und in Erwartung dessen ist, dass auch geschieht, was die Teilchen tun sollen. Somit liefern die Elementarteilchen dem Menschen sein Ergebnis, da sie genau spüren, was sie tun sollen. Man weiß auch, dass diese Teilchen mit anderen Teilchen in Verbindung stehen, welche somit ebenfalls von dem Versuch wissen und auch von dessen Ergebnis. Wenn also viele Menschen glauben, dass die Welt so ist, wie man es ihnen sagt, und auch die eigenen Möglichkeiten nur den Rahmen aufweisen, den man ihnen zugesteht, werden sie sich auch immer nur in diesen Vorgaben befinden. Das Individuum wird kaum über sich hinauswachsen und erkennen, dass im Grunde alles möglich ist.

Hier setzt dann der Glaube ein. Der Glaube kann „Berge versetzen". Doch dieser Glaube darf keine Zweifel aufweisen, nur dann ist er im vollen Erkenntnisstand kein Glaube mehr, sondern Wissen. Wissen, welches unantastbar für die Zweifel des Verstandes ist. Doch gibt es einen Menschen, der komplett ohne Zweifel ist? Vermutlich tragen wir alle noch Persönlichkeitsaspekte oder unterbewusste Bereiche mit uns, welche noch nicht wirklich daran glauben, dass wir Materie bewegen oder gar über das Wasser gehen können. Wenn die Zeit einmal gekommen ist, an der sich eine bestimmte Anzahl Menschen nicht mehr in die vorgegebenen Bahnen pressen lässt, wird das Feld brechen und viele Möglichkeiten werden offenstehen. So wie Jesus sagte, dass die Menschen in der Zukunft noch größere Dinge tun würden als er selbst.

Momentan erhält sich das kollektive Wahrheitsfeld noch mächtig, und die dunkle Seite ist daran interessiert, dass dieses so lange wie möglich aufrechterhalten wird. Glücklicherweise bricht sich aber auch eine neue Art zu denken Bahn, und es ist schön zu sehen, dass sich viele Menschen immer mehr für einen liebevollen und freien Geist und eine lichtvolle Lebensweise öffnen.

Doch bleiben wir beim Verstand. Man kann also durchaus sagen: Der Verstand ist irdisch, er arbeitet im Gehirn, ist von den Vorgaben dieser Welt abhängig und kann auch nur seiner Kapazität entsprechend arbeiten. Er wird von Gelerntem gesteuert, das Ego hat Zugriff und der Wille sowie die Emotionen lenken das Verstandesdenken. Doch nur so lange, bis der Mensch erkennt, dass er viel weiter und viel höher vordringen kann, als es die scheinbaren Verstandesgrenzen aufzeigen. Der Mensch strebt auf dem geistigen Weg einer höheren Erkenntnisebene entgegen. Die Öffnungen, das „Sieb", wird immer durchlässiger. Das sprengt immer mehr die Grenzen des Verstandes und lässt die Intuitionen und Vorgaben der Geistigen Führung immer deutlicher erkennen. Somit ist es auch die Aufgabe des Menschen, den Verstand in eine höhere Ebene zu führen.

Doch das ist gar nicht so einfach. Auch wenn Sie beispielsweise schon seit Jahren „wissen", dass es keine Toten gibt, sondern diese nur „vorausgegangen" sind und in einer feinstofflichen und geistigen Welt weiterleben, wird Ihr Verstand einen regelrechten Schock bekommen, wenn zum ersten Mal wirklich ein „Verstorbener" vor Ihnen steht und Ihre Hilfe braucht. Von der geistigen Wahrheit zu wissen und zutiefst sicher zu sein, heißt noch nicht, dass der Verstand bereits völlig mit dieser Einsicht umgehen kann. Doch diese Verstandesgrenzen werden im Moment von der Geistigen Welt immer mehr aufgebrochen. Immer tiefer dringt die höhere Wahrheit bei den Menschen in das Verstandeswissen, welche wahrhaft den Weg zur Liebe gehen möchten. Das ist eine aufreibende und viel Energie erfordernde Arbeit, doch ist sie unausweichlich für das Öffnen des Geistes.

Das Bewusstsein des Menschen hingegen ist nicht irdisch. Es befindet sich nicht in der Körperebene, sondern ist ein geistiges Prinzip. Das Bewusstsein ist nur mit dem Leib gekoppelt, solange das geistige Wesen Mensch in einem Körper lebt. Die Erkenntnisse des Bewusstseins können zwar in Ausschnitten als eine Art Blaupause im menschlichen Gehirn hinterlegt werden, aber die wahrhafte Speicherung befindet sich im Geist. Der Verstand sollte dem menschlichen Geist dienen, um zu mehr Bewusstheit zu gelangen und die „Löcher des Siebes" immer mehr zu erweitern. Dann dringt die höhere Weisheit ein, und der Mensch wird immer mehr durchlichtet. Lebensvorgaben, die nicht vom Geist durchdrungen sind, oder alte Muster, emotionale Verhärtungen oder gedankliche Blockaden verursachen in der Aura des Menschen Verdunkelungen und Verdichtungen. Hier können die höheren Energien nicht fließen. Eine Erkenntnis, bei welcher uns durchaus auch der entwickelte und geöffnete Verstand eine Hilfe war, kann zu einem Erkenntnis-Blitz führen, dann ist jemandem „ein Licht aufgegangen". Dann wird die bislang dunkle, verschattete Stelle in der Aura mit Licht durchflutet, und das Bewusstsein hat sich erweitert. Bewusstsein ist somit die Erkenntnis der Wahrheit und das Wissen um die höheren Hintergründe. Bewusstsein hat nicht nur mit geistigem Wissen zu tun, sondern vor allem auch mit dem Abbau von Emotionen, welche den Menschen immer beherrschen und lenken, damit die höheren Gefühle des Geistes einströmen können. Dann muss man nicht mehr denken und sich um die entsprechenden Gefühle bemühen, dann *ist* man. Dann setzt sich das „Ich bin" durch. Dann wird aus dem ganzen Leben ein bewusstes Sein – Bewusst-Sein!

Bewusstsein ohne ein geistiges Wesen ist nicht möglich. Der Mensch ist ein geistiges Wesen und durch die Energie der Gedanken mit Schöpferkraft ausgestattet. Der Mensch denkt mit seinem Verstand selbst, er kann also Gedanken erschaffen, genauso wie er sie empfangen kann. Entweder vorgefertigte Gedanken von kollektiven Feldern, welche ihm vormachen, dass es die eigenen sind, ihn stattdessen aber unterwerfen wollen; oder auch Gedanken aus den höheren Ebenen, welche ihm auf seinem Erkenntnisweg helfen möchten und ihm auf dem Weg zu einem erweiterten Bewusstsein behilflich sind. Die Art des höheren gedanklichen Einströmens hängt vom Entwicklungsstand des Menschen ab.

Der Verstand hat seine irdische, körperliche Art zu denken, das geistige Wesen denkt mit seinen feinstofflichen Vorgaben. Er kann in den geistigen Welten alle mentalen Ebenen durchlaufen und sich auch hier alles Wissen und alle Gedanken vertraut machen, doch irgendwann wird er an einer Schwelle stehen, hinter der sich das reine Sein befindet. Dann ist die Wahrheitssuche, inklusive der höchsten Gefühle und vollendetsten Gedanken, in das wahre Sein übergegangen. Dann bedarf es auch keiner ordnenden Gedanken mehr, sondern das innere Sein bestimmt den Zustand des Wesens. Das Individuum ist eins mit den höchsten Schwingungen in einer Art und Weise, welche wir mit unserem Verstand nur im Ansatz erahnen können.

Es ist wichtig, dass wir uns auch bewusst machen, dass der Mensch, solange er noch von seinen Emotionen und niederen Gedanken gelenkt wird, immer auch Spielball von Beeinflussungen der niederen Kräfte ist. Klare Gedanken und eine rechte Gesinnung in Harmonie mit den geistigen Werten kann nur stattfinden, wenn alle menschlichen Persönlichkeitsstrukturen von emotionalen Lasten befreit sind. Das bedeutet ein intensives Arbeiten mit noch vorhandenen Forderungen oder Verurteilungen, den Abbau von Schmerzen oder das Nicht-verzeihen-können, von Energiebedürfnissen, welche vom Mitmenschen gesättigt werden sollen, denen man eventuell noch wegen Lob oder Anerkennung hinterher rennen muss. Erst wenn der Mensch nicht mehr getrieben wird von persönlichen Bedürfnissen und Fehl-Einstellungen, wird er wahrhaft frei und kann voll bewusst von der Geistigen Welt geführt und geleitet werden. Das ist das wahre Ziel. Wir müssen erkennen, dass wir, solange wir noch am Bedürfnisapparat unserer eigenen Wesensteile hängen, nie frei sind, sondern immer von unseren Ego-Bereichen manipuliert werden. Das Ego blockiert sich selbst, die Bedürfnisse und Triebe machen unfrei, und man wird Spielball der niederen Kräfte. Leider ist es immer noch das Leid, welches dem Menschen die notwendigen Hinweise vermittelt oder ihm auch die Möglichkeit gibt, die alten Lasten über Schmerzen abzutragen.

Da dies zurzeit in besonderem Maße geschieht und von der Geistigen Welt eingeleitet wird, sollte man seine aktuellen schmerzlichen Situationen in Ruhe annehmen und betrachten, damit man sie zur Auflösung und in Harmonie bringen kann. Auch hier wirkt die wahre Liebe der göttlichen Wirklichkeit.

7

Der „Ich-will-gut-sein"-Gedanke

Hier stoßen wir auf ein Phänomen, welches sehr oft anzutreffen ist. Wenn man ganz ehrlich zu sich selbst ist, war vielleicht das eine oder andere Mal auch eine Situation dabei, in welcher man selbst diese Empfindung hatte. Dann fühlte man sich verärgert, weil man von einem Mitmenschen etwas vorgehalten bekam, was man falsch gemacht hatte. Vielleicht wollte man auch genau vor diesem Menschen nicht schlecht dastehen und benutzte einmal die eine oder andere Ausrede. Das sind Schwachstellen, welche sich mit der Zeit und mit zunehmender Stärke und Entwicklung auflösen. Die wahre Größe eines Menschen zeigt sich in der Wahrhaftigkeit, und diese schult sich im Zuge der spirituellen Entwicklung.

Wir wollen hier stattdessen die extremen Verdrängungen der Persönlichkeit betrachten, welche keine Entwicklung zulassen und bei Nicht-Auflösung kein Vorankommen ermöglichen.

Menschen, welche immer nur gut dastehen wollen oder von sich glauben, dass sie das gelebte Gute verkörpern, tragen in den meisten Fällen ein ungelebtes Potenzial an Aggression und Zorn oder sogar ein Bedürfnis nach Zerstörung in sich. Solche Menschen können gegenüber ihrer Umgebung durchaus den Eindruck erwecken, als wären sie wirklich lieb und könnten keiner Fliege etwas zuleide tun, doch schlummert ihn ihnen ein wahres Pulverfass an Emotionen.

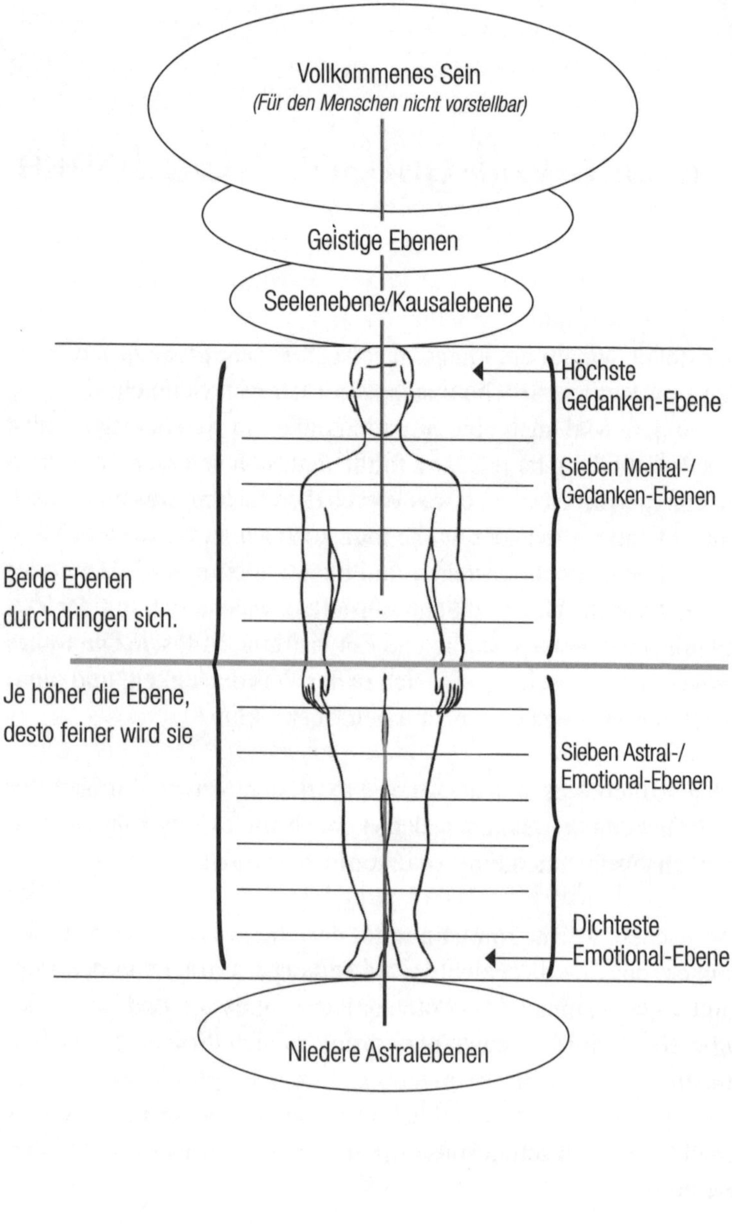

Vollkommenes Sein
(Für den Menschen nicht vorstellbar)
Geistige Ebenen
Seelenebene/Kausalebene
Höchste Gedanken-Ebene
Sieben Mental-/ Gedanken-Ebenen
Beide Ebenen durchdringen sich.
Je höher die Ebene, desto feiner wird sie
Sieben Astral-/ Emotional-Ebenen
Dichteste Emotional-Ebene
Niedere Astralebenen

Alle verdrängten Emotionen werden gegenwärtig verstärkt und an die Oberfläche geschoben, damit sie sich zeigen können. Selbst kleinere Bereiche konnten in der Vergangenheit in die hinteren und äußeren Schichten der Aura abgedrängt werden, doch ist dies mit den jetzigen Auflösungsenergien nicht mehr möglich. Wird etwas nicht angeschaut, tritt es irgendwann kraftvoll an die Oberfläche und kann dann den Menschen eventuell so stark überwältigen, dass er keine Macht mehr darüber hat. Dann entstehen plötzliche Ausfälle und Wutausbrüche, die in manchen Fällen auch vor Mord nicht zurückschrecken. Meist sagen die Mitmenschen dann über den Täter: Das hätten sie nie erwartet, er sei immer so lieb und zurückhaltend gewesen. Doch diesen Teil seines Wesens hat er nie herausgelassen, weil er ihn nicht zeigen wollte.

In vielen Fällen begann der Verdrängungsmechanismus bereits in der Kindheit oder wurde in dieses Leben als Wesenszug mitgebracht. Dann merkten die Kinder, dass sie nur geliebt wurden, wenn sie lieb und folgsam waren, und so vermieden sie tunlichst alle aggressiven oder negativen Äußerungen. Auch produktive Verbesserungsvorschläge durften sie nicht machen. Sie durften nichts verändern oder erneuern, sondern mussten einfach nur den Vorstellungen der Eltern dienlich sein. Dies soll keine Schuldzuweisung darstellen, sondern nur eine Erkenntnis beschreiben. Nicht selten erging es den Eltern genauso, und sie hatten noch keine Möglichkeit der Umwandlung. Auch ist man irgendwann für seine Erziehung selbst verantwortlich und darf seine unveränderten Anteile nicht mehr als Schuldzuweisungen auf die Eltern projizieren. Man kann sich jeden Tag verändern! Schuldzuweisungen bedeuten nichts anderes als den Unwillen, mit dem eigenen Wesen zu arbeiten. Nicht selten macht uns das Ego vor, dass man halt so sei, man könne nichts dafür, die Eltern waren schuld. Auch Faulheit und Trägheit sind mitunter Hintergründe für die Veränderungsträgheit.

Nicht selten spielt auch eine entsprechende religiöse Erziehung eine große Rolle. Vielleicht war das in den alten Zeiten für einige

Menschen durchaus notwendig, um die Macht des Dunklen einzudämmen, doch heute werden uns andere Wege aufgezeigt. Es wurde gelehrt, dass man dies und jenes nicht zu sein habe, dass man unterwürfig sein solle und ja nichts Böses tun dürfe, damit man in den Himmel kommt. Ansonsten warte das Fegefeuer auf einen und man habe sein Leben verwirkt. Angst und Schrecken hielten die Menschen im Zaum, wodurch sie leichter zu manipulieren und zu beherrschen waren. Dann widersprach wenigstens niemand oder begehrte gar auf, da er ja sonst seine soziale Stellung verloren hätte.

Es wurde nicht davon geredet, dass jeder Mensch gewisse „finstere Züge“ in sich trage und es darauf ankomme, diese in das Licht der Liebe zu bringen. Kein Mensch kann wahrhaftig und zutiefst ehrlich sein, wenn er sich nicht die sogenannten dunklen Seiten seines Wesens bewusst macht. Je mehr diese harmonisiert und auf die höheren Kräfte ausgerichtet werden, umso erfüllter und wahrhaft liebevoller kann der Mensch werden. Dann hat man sich wahrhaft geläutert und muss sich auch vor nichts mehr fürchten, was eventuell ans Licht kommen könnte. Auch dies ist eine wichtige Stufe auf dem Weg aus der Angst.

Es gibt bereits Menschen, welche ihre dunklen Bereiche durchlichtet haben. Sie haben es gar nicht mehr nötig, irgendjemanden von ihrem Gut-Sein zu überzeugen. Sie verlieren kein Wort darüber und brauchen auch nicht zu säuseln oder eine zarte Stimme zu markieren, um liebevoll zu wirken. Sie können sogar streng und hart sein, denn auch dies geschieht manchmal aus Liebe und wahrer Weisung. Sie würden niemandem mehr erzählen, wie liebevoll sie sind oder wie taktvoll sie die Situationen gemeistert haben.

Menschen, die immer wieder betonen, wie liebevoll sie sind, haben in den meisten Fällen noch große Schattenanteile in ihrem Wesen. Das heißt nicht, dass sie „schlechte“ Menschen sind, sondern sie haben sich nur noch nicht wirklich ehrlich selbst angeschaut und bis in die Tiefe einer kraftvollen Verarbeitung gewidmet. Irgendwann werden auch sie erkennen, dass man ruhig zu sich selbst stehen kann.

Beobachten wir uns doch selbst. Wie schnell geraten wir in Ärger, wenn einer zu langsam oder unbeholfen im Auto vor uns her schleicht oder bei Rot nicht zügig losfährt? Oder wenn die aufgedonnerte Dame beim Bäcker sich wieder vorgedrängelt hat? Wichtig ist auch hier, nicht in Verurteilung zu verfallen. Man braucht auch ein gewisses Maß an Kraft und Stärke, um sich selbst wahrhaft zu begegnen.

Diesen Menschen ist in den wenigsten Fällen bekannt, dass eine gewandelte Aggression oder ein Wesenszug, der seine Energien nun aus den höheren Ebenen bezieht, einen enormen Kraftquell darstellen kann. Hätte er diese Bereiche nicht unterdrückt, wäre vielleicht viel mehr Tatendrang oder Intuition vorhanden, was dem Menschen sehr dienlich ist. Die Angst, welche ihn immer wieder bis ins Mark durchwühlt, wäre gelöst, da der innere Teil ja fortan keine Angst mehr zu haben braucht, entdeckt zu werden. Täuschungen lösen sich, und die Freiheit des Menschen stellt sich ein.

Man kann sich vorstellen, dass aufgrund jahrelanger Verdrängungen unterdrückte, aber dennoch vorhandene Energien eine enorme Kraft darstellen. Sie stecken meist als intensive Verdichtungen im hinteren Teil der Aura und können den Energiestrom an der Wirbelsäule extrem behindern. Die Leber nimmt oft Schaden, und die Lymphe staut sich. Soll eine Erkenntnis eingeleitet und die Emotionen erkannt werden, fließen sie vor den Solarplexus und das Herz-Chakra. Häufig verzerren sich die Energiewirbel, und die Energien überschatten sie. Doch genau dann können sie auch erkannt werden. Dann ist ihre Annahme gefordert, durch liebevolle Zuwendung, Verständnis und Vergebung.

- Nicht selten tauchen zuerst Schuldzuweisungen auf, mit denen man sogleich arbeiten sollte.

- Dann zeigen sich vermutlich Rechtfertigungen, welche sich als reale Gedanken tarnen und einem vormachen wollen, dass alles doch gar nicht so ist. Man braucht sich wirklich nicht damit zu beschäftigen, weil man doch so gut ist. Das kann doch alles gar nicht sein. Dies alles ist das Wirken alter Muster.

- Nach deren Erkenntnis wird vermutlich viel alter Schmerz an die Oberfläche strömen, und es wird Ihnen eine Weile gar nicht gut gehen.

- Doch verzagen Sie nicht, Ihre Geistige Führung ist bei Ihnen und unterstützt Sie auf Ihrem Weg. Sehen Sie die ganze Situation auch nicht als Strafe an, sondern akzeptieren Sie diese in der Gewissheit, dass Sie weiterschreiten zu Ihrer Durchlichtung und diese Aufarbeitung Ihrer Freiheit dient.

Folgendes Beispiel mag das Geschilderte verdeutlichen:

Sandra wurde von ihren Eltern sehr streng erzogen. Es war ihr sozusagen in Fleisch und Blut übergegangen, dass man lieb und folgsam zu sein habe, da man sonst von den Eltern schlecht behandelt wird und als böses Kind in die Ecke kommt. Sie war als Kind voller Tatendrang und Wissensdurst und hatte viel gefragt. Doch das kam gar nicht gut an, und folglich unterdrückte sie alle Fragen. Dies geschah jedoch nie ohne Emotionen. Sie war immer ein klein wenig wütend, und diese Emotion begleitete stets die Gedankenverdrängung in den hinteren Bereich der Aura. So sammelte sich mit der Zeit immer mehr energetische Verdichtung an.

Sie begann dann für das Lehramt zu studieren, da ihre Eltern eine Lehrerin als Tochter wollten. Dann lernte sie einen Mann kennen, den sie sehr mochte, doch ihre Eltern fanden ihn nicht gut genug für sie und wünschten sich jemanden, der mehr verdiente und eine bessere Position hatte. Die Eltern schafften es, sie durch dauerndes Zureden dazu zu bewegen, ihn loszulassen. Sie säten derart viel böses Blut in die Beziehung, dass ihre Verbindung keine Chance mehr hatte. Da sie ja nichts anderes kannte, als folgsam zu sein, löste sie die Verbindung und wartete auf einen „Besseren“.

Der Beruf machte ihr dennoch Freude, und sie fand Gefallen an der Arbeit mit den Kindern. Doch in der Folge ergaben sich immer mehr Anträge von Verwandten und Freunden, ob sie dies und jenes noch nebenher annehmen könnte, bis sie nach einiger Zeit gar nicht mehr wusste, wo ihr der Kopf stand. Sie übertrug die Folgsamkeit für die Eltern auch auf das Umfeld und fragte nie ihr Inneres, ob sie diese Zusatzarbeit noch annehmen sollte. Kann ich diese Zusatzstunden noch geben? Kann ich die Samstagnachhilfe übernehmen? Kann ich meinen Freunden beim Straßenverkauf helfen? Sie sagte immer nur zu, obwohl sie vor Wut innerlich kochte. Diese äußerte sich immer wieder, indem sie die Kinder unkontrolliert schimpfte oder aufbrauste und sich danach selber nicht mehr kannte.

Mit der Zeit bemerkte sie, dass sie keine Freude mehr am Leben hatte und ihre Kräfte immer mehr schwanden. Sie saß am Abend nur noch vor dem Fernseher, machte sich fettes Essen und trank Alkohol, damit sie sich einigermaßen von dem Druck ablenken konnte. Es war nun nicht mehr nur der Druck von außen, sondern auch der eigene innere Druck, der sie darauf hinweisen wollte: „Hallo, so geht das nicht mehr weiter. Man muss auch nach sich selbst schauen und einmal das Innere fragen, was es denn möchte?“ Die latente Unzufriedenheit mit sich selbst nahm immer mehr zu, und nachdem ihr einige unschöne Situationen widerfahren waren, begann sie langsam zu begreifen.

Das Leben führte sie in der Folge zu einem Therapeuten, der ihr half, ihre Schatten, wie er sie nannte, zu betrachten, anzunehmen und zu verändern. Hier begriff sie endlich, was in ihr arbeitete. Langsam aber sicher baute sie die Zusatzverpflichtungen ab und sagte auch immer mehr Nein, was ihr am Anfang sehr schwerfiel. Schlechtes Gewissen kam auf, da sie ja nicht folgsam war, und immer wieder das Gefühl, jetzt sei sie schlecht und vom Egoismus getrieben, weil sie etwas für sich tun wollte. Das größte Problem hatte sie mit der nun gewonnenen Freiheit. Sie wusste tatsächlich am Anfang nichts mit sich anzufangen. Sie hatte verlernt, auf die Lebenslust aus ihrem Inneren zu hören. Sie traute sich nicht, etwas Schönes nur für sich zu tun. Es dauerte einige Zeit, bis sie diese Lücke füllen konnte und wieder mehr zu dem Bewusstsein gelangte, was ihr ihr eigenes Inneres mitzuteilen hatte.

Man darf nicht vergessen, dass Freiheit auch erlernt werden muss. Hat man beispielsweise noch unverarbeitetes Karma aus dem alten Ägypten, dann fühlt man in sich einen starken Drang, im Urlaub nach Ägypten zu fliegen. Man spart und bereitet sich darauf vor. Man hat also etwas zu tun und weiß dabei, dass dies einfach richtig ist. Ist dann alles Karma aufgelöst, sitzt man plötzlich da und weiß gar nicht mehr, wo man im Urlaub hinfahren soll. Dann beginnt das intensive Fühlen nach innen, um die Botschaften der Geistigen Welt zu empfangen und diese umzusetzen. Mitunter hat man auch eine gewisse Zeit einen großen Spielraum, wirklich alles zu unternehmen, was einem Spaß macht. Man kann hinfahren, wo man möchte, die Geistige Welt wird einen begleiten und führen. Wichtig ist nur, eventuelle Botschaften zu empfangen, falls irgendetwas doch nicht gewünscht ist. Möchte man den höheren Willen verwirklichen, verharrt man in der Folge nicht auf dem Eigenwillen, sondern achtet auf die Botschaften der Geistigen Führung. Man hat den freien Willen gewonnen, doch dieser ist am Anfang gar nicht so leicht in der rechten Gesinnung zu verwirklichen.

8

Gedankenkraft und Fremdbestimmung

Um das Thema der Fremdbestimmung genauer analysieren zu können, ist es wichtig, zuerst einige Grundvoraussetzungen zu erklären.

1.) Persönliche Gedanken werden vom Entwicklungs- und Reifezustand der Seele bestimmt.

Ein Mensch, welcher beispielsweise in seiner Kindheit viele Schläge erlitten hat, dürfte beim Betrachten eines Bildes, auf dem ein Kind geschlagen wird, sofort in die noch unverarbeitete Problematik verfallen und entsprechend mit Gedanken des Zornes und Gefühlen der Ablehnung reagieren. Dadurch werden die Gedanken eher in Richtung auf Verurteilung und Zorn gegenüber dem Schlagenden verfallen, als in die Bemühung, diesen in seinem Tun zu verstehen. Er wird somit von seinen schmerzhaften Gedanken und Gefühlen manipuliert und ist nicht frei. Hier liegt zwar noch keine Fremdbestimmung im herkömmlichen Sinn vor, aber dennoch eine Manipulation seitens der eigenen seelischen Belastungen. Der Mensch ist dadurch unfrei.

2.) In der Kindheit aufgebaute und immer wieder verstärkte Erziehungsmuster bestimmen die Gedanken.

Nehmen wir an, man hat einem Jungen in der Kindheit immer wieder erklärt, dass ein Mensch über die Marke seines Autos definiert wird; oder einem Mädchen wurde immer wieder vorgehalten, dass die peinliche Ordnung ihres Haushaltes über ihren Charakter Auskunft gibt. Durch die ständige Wiederholung dieser Gedanken, verknüpft mit den entsprechenden Emotionen, hat sich eine starke und dichte Konzentration dieser Gedanken in der Aura ergeben, welche sie in der Folge immer wieder in die aktuellen Gedankengänge hineinbringen dürfte. Ein Mensch mit derartigen Programmen wird diese immer wiederholen und verstärken, solange er sie noch nicht selbst durchleuchtet und inhaltlich durchdrungen hat. Er ist somit ebenfalls so lange nicht frei, bis er aus seiner „Bewusstlosigkeit" heraustritt und die Wahrheit erkennt. Er wird dann nicht mehr nach vorgegebenen Bedingungen handeln, sondern die äußere Welt vorurteilsfrei annehmen, weil sein Tun wahrer Erkenntnis und nicht alten Mustern entspringt.

3.) Fremde kollektive Felder manipulieren das eigene Gedankengut.

Hier hat man es mit einer wirklichen Fremdbestimmung zu tun. Betrachten wir einen jungen Mann, der eine Arbeitsstelle in einer angesehenen Firma seines Ortes erhält. Er ist stolz darauf, dass er genommen wurde, und öffnet sich für die Positionen der Firma und deren Ideologien. Diese Firma hat ihre ganz eigenen Bewertungen der Konkurrenz und versucht, über gemeinsame Veranstaltungen und Unternehmungen, ihre Arbeitnehmer auf die eigene Ideologie einzustimmen. Dies gelingt in der Regel ganz gut, und bald werden die entsprechenden verkaufsfördernden Gedanken fest im Aura-Feld der Mitarbeiter verankert sein. Dies sind nicht immer schlechte Ideologien, aber dennoch sind sie zumeist nicht die eigenen Gedanken der Mitarbeiter.

4.) Eigene Ängste bestimmen die Gedanken.

Leidet eine Frau immer wieder unter der Angst, von ihrem Partner verlassen zu werden, ist sie ebenfalls nicht frei. Bei ihr liegt primär keine Fremdbestimmung vor, dennoch ist sie nicht Herrscher über ihre Gedanken, sondern wird manipuliert. Da zu dieser Angst auch ein kollektives Energiefeld besteht, wird aus der eigenen Angst aus dem Inneren auch schnell eine Angst durch Fremdbestimmung im Äußeren. Beim kleinsten Anzeichen werden in ihr die Alarmglocken läuten, und die Flut der Angstgedanken wird einsetzen und sie überschwemmen. Am Anfang ist man diesen Ängsten zumeist komplett ausgeliefert, im weiteren Stadium wird die Wiederholung und die Überflutung dann deutlich. Dann erfolgt die Bewusstwerdung, und danach kann die Wandlung beginnen. Im Verlauf der Aufarbeitung wird sich dann eine Klärung und Befreiung ergeben.

5.) Bewusste Fremdkonzentrationen von Gedanken und Gefühlen bestimmen den Menschen.

Wenn man bestimmte Versammlungen von Diktatoren, wie Hitler oder Stalin, betrachtet, wird deutlich, wie konzentriert hier die manipulativen Energien aufgebaut wurden. Am Anfang der Rede wird noch an die Vernunft der Menschen appelliert. Sie werden auf Tatsachen hingewiesen, welche wirklich sehr negativ sind, für die der Diktator natürlich die Lösung hat. Er verspricht Einheit, Arbeit und eine Zukunft. Jeder Mensch hat positive Vorstellungen für seine Zukunft und Ängste, vor welchen er sich fürchtet. Ist ein Retter in Sicht, wird dieser gerne angenommen. Nachdem er die Herzen der Menschen geöffnet hat, beginnt das Eindringen seiner Gedankenkräfte. Immer lauter wird seine Stimme, immer eindringlicher seine Appelle, und ehe man es sich versieht, jubeln die Menschen nach seinen Ausführungen und erheben die Hand beispielsweise zum Hitlergruß. So entsteht eine kollektive Hypnose. Je öfter solche Wiederholungen stattfinden, umso stärker wird das fremde Gedankengut.

Ganz deutlich wird diese kollektive Energie auch bei einer Massenpanik. Die Energie wird so stark, dass sie fast körperlich gefühlt werden kann und ein Ausweichen nur für sehr starke Menschen möglich ist. Dann verlieren die Menschen ihren Verstand, und die niedersten Flucht- und Kampfreflexe können hervortreten.

6.) Man setzt sich auf einen Stuhl, geht durch eine Straße oder schläft in einem fremden Hotelbett – und die zurückgelassenen Gedanken dringen ein.

Im Wartezimmer eines Arztes ist dies beispielsweise häufig der Fall, da hier starke Emotionen im Spiel sind. Setzen sie sich etwa auf einen Stuhl, auf dem zuvor ein Mensch saß, der an Krebs erkrankt ist und vermutete, dass er nur noch einige Monate zu leben habe, werden sie ebenfalls von intensiven Gedanken des Schmerzes überfallen. Sie geraten vielleicht sogar in eine Art Depression, werden traurig oder missmutig und wissen gar nicht genau, warum das geschieht. Es ist eine geistige Tatsache, dass die meisten Menschen, egal an welchem Ort sie eine Weile verbringen, immer bestimmte Energien hinterlassen. Diese lösen sich zwar im Normalfall von alleine wieder auf, werden sie jedoch aufgenommen und verstärkt, können sie andere Menschen beeinflussen. Dies ist ein wichtiges Beispiel dafür, wie intensiv die Fremdbestimmung von außen verlaufen kann. Man kann dankbar sein, wenn man viel über die Kraft der Gedanken weiß.

Die Schwierigkeit bei Punkt 6 besteht allerdings darin, dass die Gedanken und Emotionen meist nicht sofort als fremde erkannt werden. Erst bei einer bewussten Betrachtung und bei großer Klarheit des Menschen können sie als solche wahrgenommen und gewandelt werden. Sie sollten auf jeden Fall vermeiden, empfangene Gedanken einfach nur wieder an den Verursacher zurückzusenden. Übergeben Sie diese lieber Ihrer geistigen Führung und bitten Sie um Klärung und Loslösung. Dann geschieht immer das Richtige, und die geistige Ordnung bleibt bestehen.

Beim Einkaufen in einer belebten Stadt kann es Ihnen auch widerfahren, dass sich fremde Energiefelder an Sie heften, um von Ihnen Energie abzuziehen. Am Anfang Ihres Stadtbummels sind Sie vielleicht noch voller guter Energie, haben Kraft und Ausdauer und Ihre Gedanken sind freudig und positiv. Doch nach einiger Zeit wird die fremde Flut immer intensiver und das persönliche Schutz- und Kraftfeld immer schwächer. Dann dringen die Energien ein, und Sie verspüren vielleicht plötzlich einen Heißhunger, der Sie zu einer extrem fetten Mahlzeit aktiviert. Wenn dies nur eine vorübergehende Lust ist, können Sie davon ausgehen, dass sie fremd-verursacht war. Doch wenn Sie Ihren Heißhunger ausleben, sollten Sie davon ausgehen, dass das Resonanzgesetz wirksam wurde und Sie vermutlich einen unterdrückten „Fresser" in sich haben, der fettes Essen liebt. Normalerweise haben Sie diesen gut im Griff, doch sobald Sie schwach oder zu stark von außen beeinflusst werden, macht er sich bemerkbar und übernimmt Ihren Willen.

Befinden sich Ihre Chakras zur Zeit in einer Phase der Erweiterung und Durchlichtung, kommt es nicht selten vor, dass leider sehr viel „Gedankenschrott" in Ihr System eindringt. Trotz des Schutzes seitens Ihrer geistigen Führung ist es nicht möglich, die Aura immer geschlossen zu halten. Bei einem Großputz müssen auch Fenster und Türen geöffnet werden, damit der Schmutz und gebrauchte Möbel abtransportiert werden können. Dann ist man besonders anfällig für eindringende Fremdgedanken, und Sie haben vielleicht plötzlich den Einfall: „Dieser komischen alten Oma da vorne reißt du jetzt die Handtasche weg!" Sie sind verwirrt über diesen Gedanken und machen sich vielleicht sogar Vorwürfe über Ihre Negativität. Lassen Sie einfach los, denn wenn die Gedanken nur kurz auftauchen, sind es zumeist nicht Ihre eigenen.

In einem fremden Hotelbett hat man in der ersten Nacht oft den Eindruck, dass man sehr schlecht schläft. Immer wieder wacht man auf, und wirre Träume bestimmen die Nachtruhe. Fremde Ängste werden ausgelebt, und nach solch einer Nacht fühlt man sich oft ausgelaugt und schwach. Nicht selten hat der „Vorschläfer" seine Energien hinterlassen, welche dann mühsam wieder abgebaut werden müssen. In der Nacht lösen sich besonders viele persönliche Energien, und Gedanken und Emotionen werden hinterlassen. Nicht selten werden diese auch von vielen Gerüchen begleitet. Da das Leben besonders in der jetzigen Zeit sehr viel Energie verbraucht und der Mensch mit vielen Aufarbeitungen beschäftigt ist, kann er nicht immer mit seiner vollen Energie leben. Er verarbeitet noch seine Altlasten, was immer auch fremden Einwirkungen die Tore öffnet.

Bereits anhand dieser Beispiele wird deutlich, wie komplex das Thema eigene und fremde Gedanken ist. Wann ist man fremd bestimmt, und wann sind es die eigenen Gedanken?

Sind Gedanken nur kurz aufgeschnappt oder haben sich in der Stadt oder in einer Menschenmenge an Sie geheftet, sind sie Ihnen meist fremd. Sie erscheinen:

- von kurzer Dauer
- seltsam, fremd und neu
- werden manchmal sogar mit Schreck wahrgenommen
- verlieren nach kurzer Zeit ihren Drang des Auslebens.

Wird man längerfristig von kollektiven Feldern beherrscht, bemerkt man diesen Einfluss leider meist erst sehr spät oder wenn die Umwelt immer wieder reagiert. Solche Gedanken sind:

- von starken Emotionen und heftigen Regungen begleitet
- man verteidigt seine Einstellung, da das kollektive Feld einen dazu drängt
- man will keine Einmischung von außen dulden
- man möchte diese Meinung meist auch anderen aufdrängen
- man wendet sich vielleicht sogar von Freunden und von der Familie ab.

Die Wahrheit bedarf keines Aufdrängens und keiner Rechtfertigung. Die Wahrheit „ist". Wenn man sich sicher ist, fühlt man die Kraft in sich. Man ist offen für eventuelle Vorschläge oder auch Meinungen von außen und verbleibt in der Ruhe.

Die Ruhe ist einer der entscheidenden Wegweiser zur Erkenntnis, wann ein Gedanke eine Botschaft darstellt und wann man an sich zu arbeiten hat. Sobald man emotional erregt wird, zeigt dies an, dass es noch etwas zu beruhigen gibt. Das bedeutet nicht, dass einen etwa die Nachricht von einem Amoklauf mit vielen Toten kaltlassen soll. Es ist vielmehr die Qualität der Emotionen im Unterschied zur Wahrnehmung von echten Gefühlen. Sind es echte Gefühle von Entsetzen, dringen diese zum Teil noch viel tiefer ein als eine von Emotionen gelenkte Information. Trägt man noch Emotionen oder Vorurteile in sich, reagiert man nicht nur zutiefst betroffen, sondern wird wütend, fängt vielleicht entsetzlich zu schimpfen an oder wird von anderen Emotionen gelenkt. Dann ist dies eher ein zusätzlicher emotionaler Ausbruch eigener verdrängter Belastungen als ein Ausdruck des Entsetzens angesichts der Wahrnehmung der äußeren Umstände.

Es wird sehr oft geglaubt, dass man nach der Durchlichtung und Bewältigung der persönlichen Belange, also nachdem man alle Emotionen abgebaut hat, ein „Langweiler" werde, ein „kalter Friedensträger", dem alles egal ist. Doch genau das Gegenteil ist der Fall. Wahre Gefühle sind von solch einer Tiefe, dass das oberflächliche Aufbrausen von Emotionen in keiner Weise daran heranreicht. Hat man bereits viele der Emotionen verarbeitet und auf die höhere Liebe ausgerichtet, betrachtet man die Umwelt und das Weltgeschehen, inklusive der Menschen, der Tiere und der Dinge in seinem eigenen Leben, mit solch einer Liebe, dass eine große Erfülltheit und Nähe zum Göttlichen den Alltag begleitet.

Innerhalb der emotionalen Erregung ist das vielleicht schwer nachzuvollziehen, aber je mehr man den Frieden in sich findet und je weniger man urteilt und wertet, umso näher kommt man der inneren Liebe. Diese ist sich gewiss, dass die Weisung des Göttlichen immer richtig ist, das Leben geführt wird und die Liebesbotschaft im Herzen einen großen Raum einnimmt.

„Frieden sei mit Dir!" – wurde uns gesagt, und das ist der Weg. Deshalb wird jede Emotion zum Hinweis auf die weitere Arbeit an sich selbst. Da sich inzwischen viele Menschen in der letzten Phase ihrer karmischen Verarbeitung befinden, wird die Arbeit im Emotionalbereich immer wichtiger. Es ist das sogenannte „Schleifen" an der eigenen Persönlichkeit. Es ist das „Licht-Werden" des Menschen. Deshalb werden alle Schatten und abgedrängten Persönlichkeitsbereiche zur klaren Wahrnehmung gebracht, damit sie aufgelöst, angenommen und verwandelt werden können.

Wenn man die Aura in genau dem Moment betrachtet, in dem die Emotionen oder Gefühle stattfinden, sieht man ganz deutlich, dass die wahren Gefühle alle Schichten der Aura durchdringen, bis weit hinein in den Lichtkörper. Sie sind verbunden mit den geistigen Ebenen und werden auch von diesen berührt. Man fühlt eine Verbundenheit mit dem Göttlichen, welche ohne diesen Kontakt nicht möglich ist. Die Gefühle sind hell, ruhig und geordnet. Sie strahlen positiv auf ihre Umgebung aus und strömen ruhig durch die Gedanken-Aura. Die Gedanken innerhalb der höheren Emotionen sind sehr schön anzusehen. Sie sind wohlgeformt und üben auf den Betrachter eine große Faszination aus.

Emotionen hingegen wallen hauptsächlich in der Astral-Aura, dem Emotionalkörper, auf und dringen dann in den Gedankenbereich, die Mental-Aura, ein. Auch die Körperebene und die Äther-Aura werden von den Emotionen durchzogen, weshalb diese auch an den Organen hängenbleiben können. Bestimmte Emotionen zeigen eine bestimmte Neigung, an speziellen Orten im Körper zu verweilen, um hier im weiteren Verlauf erkannt und angenommen zu werden. Die Emotionen können sich im feinstofflichen Leib ungezügelt bewegen, und wenn der Mensch immer noch mehr emotionale Energie hinzugibt, werden sie immer größer, intensiver und stärker. Sie lösen im Betrachter eine große Unruhe aus und erwecken manchmal das Gefühl, als würden sie sehr schnell auf andere Bereiche übergreifen.

Die dichtesten Bewegungen auf der Erde spielen sich zurzeit im Astralbereich ab. Diese Ebene ist besonders anfällig hinsichtlich einer Öffnung für die dunkle Seite. Deshalb wird stets versucht, den Menschen in emotionale Erregung zu versetzen, indem er zum Urteilen, Bewerten oder Schimpfen aktiviert wird. So kann er leichter manipuliert und abgelenkt werden, damit fremde Energien und manipulierende Kräfte eindringen können.

Sobald Sie etwa einer Veranstaltung beiwohnen, in der Sie emotional aufgestachelt und hochgepeitscht werden, sollten Sie besser gehen. Die Wahrheit braucht keine derartigen Schlachten. Sobald die Emotionen aufwallen, stimmt etwas nicht, oder die „Streiter“ befinden sich selbst noch stark in einer Verarbeitung. Das heißt nicht, dass wir grundsätzlich ein Aufwallen von Emotionen abwerten sollten. Manchmal ist das Ausleben für die Erkenntnis durchaus notwendig, doch sollte dann bewusst daran gearbeitet werden. Auch ist nicht jeder emotionale Streiter für seine Sache auf dem Holzweg. Mitunter liegt er durchaus richtig, doch hat er seine Mitte noch nicht gefunden oder muss noch alte Schmerzspeicherungen aus seinem eigenen System bearbeiten.

Es ist immer wichtig, auch die eigenen „negativen Emotionen" zu betrachten. Sie sind eine Realität – und sogar eine notwendige. Sie können nur dann wirklich Ihr Inneres erkennen, wenn Sie auch zulassen können, dass Sie gerade jetzt beispielsweise furchtbar wütend sind. Vielleicht müssen Sie dies auch jemandem zeigen, damit endlich einmal eine Aufarbeitung in Gang kommt. Doch spätestens dann gilt es, diese zu bearbeiten und wieder in die Ruhe zu bringen. Der Weg der Liebe, so wie ihn Jesus Christus aufgezeigt hat, ist hier das bedeutendste Vorbild. Seiner Lehre können wir alles entnehmen.

Man sollte sich immer vor Augen führen, dass wir selbst Schöpfer unserer Wirklichkeit sind. Wir haben über das Herz-Chakra Zugang zur Christus-Energie, und es liegt an uns, wie wir diese Kraft einsetzen. Durch jeden Akt der Schöpfung von Emotionen und Gedanken oder durch jeden aufgenommenen Gedanken, den wir mit Emotionen erfüllen, legen wir einen Teil unserer Kraft hinein. Sind wir Schöpfer von Missgunst, Neid, Verurteilung oder Ängsten, so speichert sich diese Dunkelheit in unserem System, und wir verschmutzen auch unsere Umgebung und die Erde mit diesen Energien. Nutzen wir hingegen diese Kraft, um mehr Licht und Liebe zu leben, erhellen wir uns und unsere Umwelt. Wir werden zum Lichtträger auf dieser Erde.

Es ist daher sehr wichtig, sich klar zu machen, dass wir alle einmal Dunkelheit erschaffen haben und jetzt die Zeit gekommen ist, sie aufzulösen, zu erkennen und zu verwandeln. Dies kann nicht mit dem eigenen Willen geschehen, sondern nur mit dem aufrichtigen Wunsch, den Weg der Liebe zu gehen und sich den göttlichen Ebenen wieder zu nähern. Genauso wichtig ist es, Teilbereiche der eigenen Seele anzunehmen, sofern diese noch Schwierigkeiten haben, alte Muster oder negative Emotionen loszulassen. Es fehlt vielleicht noch an Vergebung, oder erlebte Schmerzen können noch nicht überwunden werden. Stehen Sie zu sich und arbeiten Sie mit diesen Emotionen. Zu glauben, diese dürften nicht sein, weil man sonst nicht „licht“ sei, ist genau der falsche Weg. Wenn Ihnen jemand erzählt, er hätte mit so etwas nicht zu ringen, dann suchen Sie das Weite. Hier herrscht ein falsches Licht, hinter dem sich die Schatten verbergen.

Glücklicherweise erkennen immer mehr Menschen, dass es nur wirklich ein Fortschritt ist, wenn man ehrlich zu sich selbst ist und die Göttliche Welt um Hilfe bittet. Dann findet wahrhafte und echte Erkenntnis und Durchlichtung statt.

9

Gedanken und ihre Wirkung

Grundsätzlich lässt sich sagen, dass jeder Gedanke in sich die Kraft zur Verwirklichung trägt.

Jeder erschaffene Gedanke will sich verwirklichen.

Das kann sehr positiv wirken, wenn der Mensch in der rechten Gesinnung denkt, doch hat dies auch sehr unangenehme Auswirkungen, wenn man etwa immer wieder denkt: „Das kann ich ja doch nicht!“ oder „Das geht bestimmt wieder schief!“

Jeder Gedanken sucht eine gleichartige Energie und Struktur, um sich zu verstärken.

Das können wir sehr gut bemerken, wenn wir mit einem Menschen ins Gespräch kommen, der permanent das Negative in seinen Mitmenschen sucht und seinen Gesprächspartner immer in diese Richtung drängt. Dann wird durch das Gesetz der Resonanz sehr schnell ein noch vorhandener „Schimpfer“ im Inneren aktiviert, und ehe man es sich versieht, spricht man selber schlecht über andere Menschen, über Politiker oder allgemeine unangenehme Vorkommnisse.

Jeder Gedanke lässt sich aufgrund seiner Farbe und Form definieren.

Dies ist auch für einen nicht hellsichtigen Menschen über das Gefühl wahrzunehmen. Sie kennen bestimmt das Gefühl, wenn Ihnen ein Mensch aus unerklärlichen Gründen einfach nur unangenehm ist. Sie spüren, dass irgendetwas nicht stimmt, und versuchen die Nähe zu diesem Menschen zu meiden. Dies geschieht dann, wenn der Mensch in seiner Aura eine große Menge an dunklen Verdichtungen und lieblosen Aspekten in sich trägt. Diese versuchen immer überzugreifen, und die gefühlsmäßige Wahrnehmung, die gegenwärtig immer deutlicher wird, gibt hier klare Botschaften. Darauf sollte man hören und dem ersten Impuls einer Wahrnehmung unbedingt Folge leisten. Der erste Impuls ist meistens der richtige. Der Verstand verdreht anschließend durch seine Prägungen zumeist die Wahrheit.

Fast alle Gedanken sind mit Emotionen behaftet und werden teilweise von diesen gesteuert.

Manchmal taucht aus dem eigenen Inneren sogar zuerst das Gefühl auf und dann erst der Gedanke. Jeder dürfte eine derartige Situation bereits erlebt haben. Nehmen wir das Problem der Eifersucht. Ihr/e Partner/in fährt mit Freunden/innen für ein Wochenende nach Florenz. Sie sind zuerst guter Dinge und freuen sich für Ihre/n Partner/in, da Sie selbst arbeiten müssen. Am Abend sitzen Sie vor dem Fernseher und sehen eine Situation, bei der ein Partner eine andere Beziehung eingeht. Kurz darauf bekommen Sie ein ganz ungutes Gefühl. Das Gefühl der Eifersucht steigt in Ihnen hoch und mit ihm auch die entsprechenden Gedanken: „Wenn die Mädels/Jungs einfach nur mal andere Männer/Frauen haben wollen? Oder alle wollen einfach mal so richtig flirten, und es könnte mehr daraus entstehen?“ Das bereits in ihnen existierende Gedanken- und Emotionspaket entfaltet jetzt seine volle Wirkung, und ehe Sie sich versehen, haben Sie gewaltige Projektionen erschaffen und sind nun so richtig eifersüchtig und zornig. In diesem Fall hat es das innere Feld geschafft, sich wieder von Ihren Emotionen und Gedanken zu erneuern und seine alte Kraft zurückzuerobern. Dann rufen Sie vielleicht wutentbrannt an und erfahren: Ihr/e Partner/in liegt mit Kopfschmerzen im Hotelzimmer und ist gar nicht unterwegs! Nicht selten sind diese Einflüsterungen alter Felder gar nicht real. Sie manipulieren uns und prägen uns ihr Muster auf. Doch genau durch derartige Situationen ist eine Erkenntnis und Veränderung möglich. Ist genügend Liebe und Vergebung in die alten Imprägnierungen eingeflossen, werden sich etwa diese alten Eifersuchtsmuster nicht mehr wiederholen. Tun sie es dennoch, liegt es an uns selbst, mehr Liebe, Verständnis, innere Reife und Vergebung zu erarbeiten.

Gedanken können in die Aura anderer Menschen eindringen und diese inspirieren oder manipulieren.

Sind Sie schon einmal auf einer Verkaufsveranstaltung gewesen und haben den eindringlichen Worten eines Top-Verkäufers gelauscht? Nichts gegen gute Verkäufer, es sollen hier lediglich die Fälle angesprochen werden, wo die Käufe vom Käufer nicht aus freien Stücken getätigt werden, sondern in denen er manipuliert wurde, indem seine inneren Schwachstellen aktiviert wurden. Manche Verkäufer spüren genau, welche Bedürfnisse ein Mensch mit sich trägt.

Hat eine Frau in ihrem Inneren immer noch das Programm, eine perfekte Hausfrau sein zu müssen, und wird ihr nun gesagt, sie würde mit einem neuen Küchengerät zur absoluten Top-Hausfrau mutieren, dann kauft sie es sofort. Zu Hause angekommen, erkennt sie den unnötigen Kauf. Sie ärgert sich, doch kann sie durch diese Erfahrung auch lernen, dass hier eine Schwachstelle vorliegt. Hier sehen wir, dass die Situationen durchaus zu Erkenntniszwecken dienen, durch die man an seine tiefliegenden und noch unerkannten Programme gelangen kann. Deshalb gilt es, sich nicht aufzuregen, sondern anzunehmen, zu erkennen und zu verwandeln. Dadurch gelangt Licht in die bislang verdichteten Flecken der Aura, und sie wird allmählich immer klarer. Ablehnung und Ärger wären kontraproduktiv, da die geistige Führung stets mit Ihnen ist und nicht gegen Sie.

Beim Blick auf die positive Seite des Eindringens von Gedanken und Gefühlen von außen kann man beispielsweise die Nähe eines wirklich durchlichteten und auf die höchsten Energien ausgerichteten Menschen nehmen. Befindet sich ein solcher Mensch im Raum oder ist man auf einem Vortrag eines erwachten Menschen, wird man in besonderem Maße auch auf der Körperebene, den Ätherbereichen und den umgebenden höheren Astral- und Mentalbereichen inspiriert. Dann entdeckt man plötzlich Möglichkeiten und Erkenntnisse, welche mit dem normalen Schwingungsniveau des Alltags nicht zu erreichen sind. Plötzlich begreifen Sie die Dinge oder erleben vielleicht Gefühlsmomente, in denen Sie sich der Lichtwelt besonders nahe fühlen, denn Sie befinden sich in einer höheren Schwingung. Meist kann man diese Momente leider nicht in den Alltag übertragen oder mitnehmen, doch alleine das bewusste Erleben ist bereits Stütze und Ansporn auf dem geistigen Weg.

Jeder Gedanke, wird er öfter gedacht, verstärkt sich kontinuierlich und beginnt ab einer bestimmten Stärke und emotionalen Prägung ein Eigenleben.

Er bekommt dann einen Selbsterhaltungsimpuls, was ihn auch sehr gefährlich machen kann. Dieser Selbsterhaltungsimpuls wird dann freigesetzt, wenn eine Seelenfaser oder ein Persönlichkeitsbereich von dem Menschen übertragen wurde, der den Gedanken geschaffen hat. Bei kollektiven Feldern sind meist mehrere Persönlichkeitsaspekte verschiedener Mitglieder enthalten. Dann kann es geschehen, dass ein Mensch inzwischen erkannt hat, dass er eine bestimmte Sekte, eine gewisse Lebensweise nicht mehr unterstützen will oder ein bestimmtes Machtstreben loslassen möchte, doch seine aufgebauten Gedankenfelder sind nach wie vor aktiv und versuchen, auf das Umfeld und auf andere Menschen einzuwirken. Nicht selten lassen die anderen Beteiligten den Mitverursacher nicht so leicht aus ihren Fängen und versuchen alles, um diesen Energielieferanten nicht zu verlieren. Es zeigt sich auch, dass sich bestimmte Gruppen, wenn sie dem Menschen nicht mehr seine positive Energie abziehen können, dann mit der negativen zufriedengeben. Das bedeutet, dass nun versucht wird, Hass und Ablehnung zu erzeugen, am besten durch einen energetischen Krieg mit viel Aufregung, damit wenigstens die Energieversorgung aus den negativen Emotionen weiter gegeben ist. Das ist mitunter höchst lukrativ für manche Dunkelfelder. Auch aus diesem Grund ist es wichtig, sich bewusst den aktuellen Auflösungsprozessen hinzugeben und die damit verbundenen Vorkommnisse anzunehmen. Es kann immer noch sein, dass wir eigene alte Gedankengebilde und Emotionen zurücknehmen müssen, obwohl wir schon längst einen spirituellen Weg eingeschlagen haben.

Man sollte sich bewusst machen, dass alle Gedanken immer wirksam sind; besonders wenn sie mit starken Gefühlen geprägt wurden. Jeder Gedanke, der nicht aus den höheren Bereichen des Seins geschöpft wurde, hat immer eine Verbindung zu gleichschwingenden Feldern. Jede Gedankenverbindung, welche nicht auf die höheren Bereiche ausgerichtet ist, kann von der dunklen Seite und gleichartigen oder ähnlichen Gedankenkonstrukten beeinflusst oder sogar übernommen werden.

Ein weiterer wichtiger Aspekt ist die Problematik der Täuschung. Lange aufgebaute und mit Emotionen versetzte Gedankengebilde neigen dazu, den Menschen in die Irre zu führen. Nehmen wir als Beispiel dafür den Alkoholiker. Dieser kann sich bereits mit vielen Teilen seines Wesens intensiv und liebevoll auf dem Weg der Ablösung befinden, doch bestimmte Persönlichkeitsteile möchten sich noch nicht lösen. Dann machen die eigenen inneren Bereiche dem Menschen vor, dass es doch gar nichts macht, immer wieder nur ein bisschen zu trinken. Zweimal die Woche sei doch durchaus normal, und man müsse einen Partner auch diesbezüglich eventuell belügen, da er es nicht verstehen würde. So belügen die Menschen sich selbst und die anderen und glauben zu Anfang sogar ihren eigenen Lügen.

Auch innerhalb einer Sekte, in der man dem Menschen vermittelt hat, dass er in der Gruppe geborgen sei, geliebt werde, man immer zu ihm stehe, er nicht alleine sei und man ihn nicht verlassen würde, können sich bestimmte hilfsbedürftige Bereiche im Inneren so stark an die Vorgabe der Sekte klammern, dass sie dem Menschen vormachen, es habe alles seine Richtigkeit. Dann wird auch Verwandten oder Freunden sehr emotional mitgeteilt, dass ihre Einwände unrichtig seien und die Sekte die neue Heimat wäre. In einer derartigen Situation ist es kaum möglich, dem Menschen die Wahrheit vor Augen zu führen. Er ist eingesponnen in das Illusionensgewebe der Sekte und glaubt, seine Bedürfnisse hier gestillt zu bekommen. Im Aura-Feld sieht dies auch tatsächlich so aus. Dicke Waben von vortäuschenden und fordernden Eingebungen wickeln sich um den Menschen und krallen sich in seine ängstlichen Felder. Nicht selten möchten diese Menschen ihre alten Schmerzen gar nicht mehr ansehen, was es den manipulierenden Eindringlingen noch leichter macht. Dann nehmen sie die Angst vor der Aufarbeitung und dem erneuten Betrachten alter Felder dazu her, nicht erkannt zu werden und im Aura-Feld weiter ihr Unheil treiben zu können. Man kann nicht oft genug betonen, wie wichtig es ist, alle aufgebauten Gedankenfelder und alle ungeordneten Emotionen in das Licht der Liebe zu bringen, damit man frei und ungebunden seinen weiteren Weg gehen kann. Auch hier ist die Angst immer wieder die stärkste Kraft, die den Fortschritt behindert.

10

Wünschen und Denken

Auch wenn man es am Anfang des Erkenntnisweges nicht so gerne hören mag: Nur durch die absolute Aufrichtigkeit und Wahrhaftigkeit wird der Weg für den wahren Aufstieg in die höheren Ebenen geebnet. Alles, was die Wahrheit verändert, verzerrt oder verdrängt, ist kontraproduktiv und nicht dienlich auf dem Weg in das Licht der Liebe.

Um dies wahrhaft zu akzeptieren und zuzulassen, bedarf es einer bestimmten Menge an Kraft und Glauben, da man ansonsten immer in den Fallen des Eigenwillens hängen bleibt, der einem vormacht, er sei der richtige Weg. Man muss sich bewusst aufmachen, sich nicht selten auch selbst ermahnen, und immer wieder vor Augen führen, dass die Weisheit der geistigen Führung immer der richtige Weg ist. Wir selbst, mit unserer beschränkten Wahrnehmung und geringem Hintergrundwissen, können niemals die richtigen Entscheidungen treffen. Es sei denn, wir haben unsere inneren Lasten abgetragen und können den Willen und die Weisheit der Schöpferkraft in uns fühlen. Dann sind wir wirklich in der Lage zu sagen, wir sind eins mit dem Willen des Schöpfers. Doch bis es so weit ist, bedarf es einer tiefen Hingabe.

Es ist ganz wichtig, sich zutiefst bewusst zu machen, dass wir uns nicht dem Willen der Welt beugen sollen oder bestimmten Gedankenfeldern, welche unsere Unterjochung wünschen und uns in Unfreiheit halten möchten, damit sie sich über uns ernähren können. Es geht um den wahren Heimweg, um die Abwendung vom Eigenwillen und um die Hingabe an den Willen der höchsten Liebe, der unendlichen Schöpferkraft und Weisheit, welche uns dann immer führen und leiten wird.

Viele Menschen tragen in sich eine tiefe Ablehnung jeder weiteren Knechtschaft. Und damit haben sie absolut recht. Es kann nicht sein, dass die Menschheit stets unterdrückt und ausgebeutet wird. Viel zu lange wurde uns ein fremder Wille aufgezwungen, und wir mussten tun, was andere uns sagten. Glauben, was andere uns vorbeteten, und verehren, was man vorgab. Es wurden Schuldübertragungen vorgenommen und dunkle Energien eingesetzt, welche uns in Unfreiheit hielten und den wahren Erkenntnisweg versperrten. Fremde Gedankenprojektionen wurden uns als eigene in die Aura gepflanzt, und aufgrund von Ängsten und Bedürfnissen war der Einzelne lange nicht in der Lage, sich dagegen zu wehren. Aber jetzt sind wir es – viele oder zumindest einige. Endlich kommt die Zeit, in welcher der Mensch die Wahrheit hinter den Dingen erfahren und mit Erkenntnis seinen Weg in das Licht der Liebe beschreiten kann. Doch leider wird diese Entwicklung oft falsch verstanden und von der dunklen Seite dazu benutzt, über Täuschung und Lüge den Menschen erneut zu knechten. Lediglich über ein anderes System.

Das folgende Beispiel kann einen Einblick geben:

Holger, ein Busfahrer, der in einer kleinen, aber gemütlichen Wohnung mit seiner Frau und seinen beiden Kindern lebt, trägt einen Persönlichkeitsaspekt in sich, welcher zu starkem Hochmut neigt. Seine Seele hat sich für dieses Leben vorgenommen zu lernen, dass man nicht immer die besten Kleider tragen, wertvollen Schmuck an sich hängen und nicht immer Inhalt von Klatschgeschichten sein muss. In einer früheren Inkarnation lebte er am Hofe eines Herrschers und lernte dort, nachdem er davor ein Leben als Bettelmönch verbrachte, wie oberflächlich der Wunsch in seinem Inneren war, die höfische Etikette zu leben. Viele seiner Persönlichkeitsaspekte haben dies auch zutiefst verinnerlicht, doch es gibt noch einen Bereich seines Wesens, der mit Demut und Genügsamkeit große Schwierigkeiten hat. Dieser will mit aller Kraft im Mittelpunkt stehen, Schluss machen mit den alten Unterdrückungen und endlich einmal ungezügelt leben. Alkohol und Ausschweifungen kommen ihm daher gelegen.

Dieser Teilbereich machte glücklicherweise nur einen Bruchteil seines Wesens aus, doch war er immer vorhanden. Anfangs unterdrückte Holger diesen Bereich und kämpfte gegen dessen Forderungen. Er fühlte irgendwie, dass er gar nicht mehr Herr des Lebens war, sondern Knecht seiner eigenen Bedürfnisse. Es gelang ihm lange Zeit, diesen Bereich zu unterdrücken, doch im Zuge der aktuellen Aufarbeitungsprozesse kam dieser Teil an die Oberfläche. Es war kein Zurückhalten mehr möglich. Durch die lange Verdrängung hatte dieser Teilbereich seines Wesens so starke Emotionen gebündelt, dass er kaum eine Chance des Widerspruchs gegen diese Kräfte hatte. Nach der Lektüre eines Buches, was man sich im Leben alles wünschen kann und sollte, da man sonst nicht an seine wahre Bestimmung gelangt und nicht die Vorzüge eines anderen Lebenswandels genießen kann, gab er seinen Begierden nach.

Er teilte seiner Frau mit, er habe nun endlich die Nase voll von dem geringen Gehalt, das er für seine Arbeit erhielt. Er wünschte sich intensiv, einen Job zu bekommen, in dem er richtig viel Geld verdienen und endlich sich und seiner Familie den „angemessenen" Lebensstandard geben konnte. Er wollte bewundert und anerkannt werden, bemerkte dabei aber nicht, dass er sich komplett gegen die Vorgaben seiner wahren Lebensphilosophie stellte. Er entwickelte Sehnsüchte nach Dingen, die ihm vorher ziemlich egal waren, und erkannte nicht, wie er mehr und mehr vom Eigenwillen beherrscht wurde. Er wurde immer undankbarer, obwohl er vorher eigentlich alles gehabt hatte, nur eben nicht Glanz und Glorie und teuren

Luxus. Er verschwendete seine ganze Energie in die Erfüllung eines veränderten Lebensstils. Er erschuf starke Gedankengebilde, wünschte sich und forderte – doch nichts geschah. Im Gegenteil: Seine Kraft nahm rapide ab, er fühlte sich ausgelaugt, und nur wenn er wieder richtig stark forderte und sich einredete, dass er alles bekommen könne, was er sich nur wünschte, kämpfte er sich scheinbar wieder ein Stückchen voran. Auch als er die Geistige Welt beschimpfte, brachte dies keine Änderung. Seine Frau und seine Kinder wandten sich immer mehr von ihm ab und konnten ihren früher so liebevollen Vater nicht wiedererkennen. Er konnte nicht erkennen, dass seine Lebensumstände ihn vor diesem Hochmut schützen wollten, indem sie ihn nicht mit Luxus überhäuften.

Hier wird die Verführung, welche ein starkes Wünschen aus dem Eigenwillen bewirken kann, sehr deutlich. Holger hatte sich komplett manipulieren lassen und bemerkte nicht, wie die Emotion der Sehn-sucht, als konkrete Energie zur Ernährung von Dunkelfeldern, von ihm abgezogen wurde. Sehnsucht ist eine extrem starke Emotion. Er war nicht frei, sondern ein Gefangener seiner eigenen Wunschvorstellungen.

Hier liegt eine wichtige Erkenntnis. Der Eigenwille macht uns vor, dass wir, wenn wir nur ihm dienlich sind, frei und ungebunden seien, doch das ist ganz und gar nicht der Fall. Frei sind wir dann, wenn wir alle eigenwilligen Bereiche in uns geklärt haben und von diesen nicht mehr manipuliert werden. Viele feinstoffliche Kräfte und die Wesen der dunklen Seite setzen sich zurzeit mit großem Engagement ein, damit wir nicht erkennen können, um was es tatsächlich geht. Wir sind nicht mehr Diener und Knechte von Menschen und Energiefeldern, welche uns unserer Freiheit berauben und unsere Energien stehlen, sondern wir sind Knechte unserer eigenen Begierden.

Das Problem ist die Sättigung an Energie, welche die eigenwilligen Felder von uns fordern. Tragen wir beispielsweise einen Teilbereich in uns, welcher sich nach Liebe sehnt und eigentlich den Weg zurück in das Geistige Reich wünscht, jedoch fehlgeleitet seine Bedürfnisse in der äußeren Welt zu stillen versucht, werden wir immer wieder damit beruhigt und kurzfristig „genährt“, indem der Eigenwille in uns einen kleinen Bereich seiner Befriedigung zuführt. Dann fühlen wir uns kurzfristig genährt und gestillt, doch ist dies stets eine falsche und trügerische Zufriedenheit. Sie ist nach kurzer Zeit aufgebraucht und wurde mit fremder Substanz bewirkt. Lob und Anerkennung von außen wird von anderen Menschen übermittelt, welche selbst noch dichte Energiefelder und persönliche Verarbeitungsprobleme in sich tragen. Diese Energien bekommt man dann immer als „Zubrot“ mitgeliefert.

Beugt man sich den Anforderungen der eigenwilligen Strukturen und lebt diese aus, bekommt man sozusagen ein Bonbon mit befriedigender Energie. Ist man wahrhaft auf der Suche, wird einem diese kurzfristige Befriedigung und trügerische List des Eigenwillens am Anfang vielleicht nur als nebelhafte Wahrnehmung, später jedoch als konkretes Fehlverhalten deutlich. Dann erkennt man das Vorgehen des Eigenwillens und gleichzeitig den wahren Weg. Mit der Zeit wird man dann immer leichter eine Änderung herbeiführen und kann durch Annahme, Demut und die Bitte um Hilfe die alten Prägungen wandeln und löschen.

Man sollte sich stets bewusst machen, dass die Situation, in der man sich befindet, vermutlich die beste ist, die man benötigt, um seine gegenwärtigen Aufgaben und Erkenntnisse bewältigen zu können. Es ist wichtiger, sich die Emotionen in seinem Inneren bewusst zu machen, als den Vorgaben des Eigenwillens zu folgen.

Ist man bereit, die gegebene Lebenslage anzunehmen, und versucht man, das zu lernen und zu verwandeln, was es in dieser Lage zu wandeln gilt, ist es ebenfalls das Streben des Höchsten, uns alle Annehmlichkeiten zu geben und alle Bedürfnisse zu erfüllen, die wir wahrhaft benötigen. Da die Verführung der dunklen Seite jedoch derart intensiv zugenommen hat, kann es dennoch sein, dass man eben keinen teuren Sportwagen fährt, sondern ein ganz alltägliches Auto. Dann ist unsere Aura am Abend auch nicht voll vom Neid und Missgunst anderer Menschen, sondern wir können ruhig und friedlich schlafen. Unserem wahren Selbst ist dies deutlich mehr wert, auch wenn die Persönlichkeit diesen Hintergrund nicht beachtet oder gar nichts davon weiß.

Es ist sinnvoll, das Wollen eines eigenwilligen oder schnell verführbaren Teiles der Persönlichkeit als „Wollen" zu bezeichnen und die wahren Wünsche des Menschen als „Bedürfnis" oder „Bitte". Wir dürfen alle Bitten und aufrichtigen Wünsche an die Geistige Welt richten. Sobald es möglich ist und keine Verführungen mehr zu befürchten sind, wird uns das Leben alles schenken, dessen wir bedürfen.

Hier zeigt sich auch der nächste Punkt in der menschlichen Entwicklung. Sobald ein gewisser Erkenntnisstand erreicht ist, hören viele Bedürfnisse und Wünsche auf. Es gibt keine eigenwilligen Bereiche mehr, welche dieses oder jenes einfordern oder erwarten. Erwartungen sind eines der größten „Energielöcher" in der Aura und zudem Einlasspforten für dunkle Energien. Wunschlosigkeit erfüllt uns mit Zufriedenheit und Demut, und wir haben gar nicht mehr das Streben, mehr haben zu wollen oder von der Welt zu erwarten, dass sie unsere Bedürfnisse nach Liebe und Anerkennung stillt. Wir sind vollkommen zufrieden. Das Innere ist ruhig, und wir sind erfüllt von Liebe. Das mag manchen vielleicht langweilig erscheinen, doch ist es eine der tiefsten Erfahrungen, welche wir auf diesem Planeten machen können: Das völlige Aufgeben des Eigenwillens und die Hingabe an den höheren Willen. Alles, was wir sehen, alles, was wir berühren oder an was wir denken, wird von einer tiefen Liebe begleitet, und wir erleben eine tiefe Erfüllung.

Deshalb ist die Suche nach Frieden und Ruhe einer der wichtigsten Aspekte auf dem Weg in die wahre geistige Freiheit. Alle

Vorgänge, alle Situationen, welche noch mit Unruhe oder Emotionen beladen sind, zeigen uns auf, dass es hier noch etwas zu beruhigen, aufzulösen und in den Frieden zu bringen gilt. Prüfen wir also jegliche Unruhe und aufregende Emotion in unserem Inneren, dann sind wir auf dem besten Weg in das Licht der Freiheit.

Ein weiterer wichtiger Aspekt zum Thema Wünschen und Denken ist der angstvolle Wunsch nach Schutz oder Gesundheit, welcher für andere Menschen ausgesprochen wird.

Hannelore hat in einem ihrer früheren Leben zwei ihrer fünf Kinder verloren. Diese Angst sitzt derart tief in ihrem Energiefeld, dass sie sich kaum dieser Angst zu erwehren vermag. Heute hat sie zwei Kinder, die inzwischen beide zur Schule gehen. Jeden Morgen, wenn die Kinder das Haus verlassen, überfällt sie solche Angst, dass sie sofort zu beten beginnt und um Schutz für ihre Kinder bittet. Der Schutz für Kinder, in Liebe, Ruhe und Frieden an die Schutzengel übergeben, kann sehr viel Gutes bewirken, doch wenn es aus einer eigenen inneren Angst geschieht, sind immer persönliche Emotionen involviert. Dann ist der Wunsch nicht frei, und das Geschehen wird nicht wirklich der Geistigen Welt überlassen, sondern die Angst schnürt die Freiheit der Energien ab. Meist begleiten die aufgebauten Angstfelder die Kinder und wirken störend auf den wahren Schutz der Engel. Da sich alle Gedankenfelder zu verwirklichen suchen, liegt es nahe, dass auch die Angst einen Grund für ihr Vorhandensein und ihre Existenz sucht und so selbst das Negative anzieht.

Hier wäre es wichtiger, dass Hannelore ihr Trauma bewältigt und Vertrauen in die höhere Führung aufbaut. Wieder ist die Bewältigung von Angst das oberste Ziel. Sie will selbst die Kinder schützen und ist gar nicht bereit, eine eventuelle kleine ungute Situation für die Kinder hinzunehmen, falls diese für eine Lernerfahrung notwendig wäre. Die Kinder sind vom wahren Lebensfluss abgetrennt, und die Angst der Mutter begleitet sie in ihrer Aura. Nicht selten reagieren ungebundene dunkle Energiefelder auf diese Angst, versuchen sich auszuleben und Energie abzuziehen. Auch andere Kinder reagieren sehr sensibel auf solche Angstfelder und beginnen dann vielleicht, diese Kinder zu hänseln.

Nur absolutes Vertrauen und das Zulassen von allem, was für die Entwicklung der Kinder aus geistiger Sicht notwendig ist, gewährleistet hier wahre Aufarbeitung. Es geht natürlich nicht darum, das gesunde Schutzgefühl für die eigenen Kinder anzutasten, sondern es geht ausschließlich um die Verdichtung von Angstgefühlen, welche den Kindern eher schaden als helfen. Sobald man in solch einer Situation bereit ist, auch erneut den Verlust eines Kindes hinzunehmen, wenn es für dessen Seele wahrhaft notwendig wäre, würde die Befreiung aus der Knechtschaft der Angst einsetzen. Hier werden wir an das Beispiel Abrahams erinnert, als die Opferung seines Sohnes von Gott gefordert wurde. Ist man auch dafür bereit, kann einem die Angst nichts mehr anhaben. Angst ist immer eine Trennung von den höheren Energien. Sie verkrampft und lässt den wahren Schutz der Geistigen Welt nicht zu.

Das hört sich sehr schwer an – und das ist es auch. Doch nur die Entkrampfung verängstigter Gedanken- und Emotionsfelder gewährleistet den wahren Weg. Ist man frei von Angst, weiß man wahrhaft, dass die Wege der Seelen hier auf dieser Erde immer von der Geistigen Welt geführt sind. Man ist absolut überzeugt – aus Glaube wurde Wissen –, dass alles einen tiefen Sinn aufweist, und man fühlt sich geborgen in Gottes Hand.

Auch das Wünschen für die Genesung eines Menschen sollte in diesem Sinne erfolgen. Wenn wir unsere ganze Gedankenkraft einsetzen, und diese kann beträchtlich sein, ist es sogar möglich, zu verhindern, dass ein Mensch seine karmische Aufarbeitung durchläuft, die zwar schmerzhaft, jedoch absolut notwendig ist. Damit versperrt man ihm somit den Weg der Auflösung. Wer möchte dieses Karma auf sich ziehen? Viel besser ist es, wenn man darum bittet und für den anderen betet in dem Sinne, dass man ihm hilft, den Sinn seiner Krankheit zu erkennen, damit er seine Ablehnung für diese Aufarbeitung loslassen und die Geistige Welt ihm dadurch helfen kann, die alten Karma-Energien aufzulösen. Wenn man ihm Kraft wünscht, damit er die notwendigen Verarbeitungsprozesse durchlaufen oder erkennen kann, warum er gerade diese Krankheit hat oder was er eventuell in seinem Leben, in seinen Gedanken oder in seinen Emotionen verändern sollte, dann ist es wahre Mithilfe und nicht ein Verdrängen wichtiger und notwendiger Lernprozesse.

Es kann auch sein, dass bestimmte Menschen etwas erleiden, damit viele andere dadurch eine wichtige Botschaft erhalten. Auch das Leid der Tiere wird immer offenbarer, damit der Mensch aufwacht und erkennt, was auf der Erde alles geschieht. Viele Menschen müssen aus früheren Inkarnationen noch etwas abtragen oder zurücknehmen. Dann ist es viel wichtiger, man hilft ihnen im Gebet dabei, als dass man es „weg-betet“.

Der Mensch ist sich noch viel zu wenig seines Handelns aus Eigenwillen bewusst. Dieser macht ihm vor, dass er dieses und jenes zu tun habe, aber in Wahrheit bangt der Eigenwille nur um seine Existenz und möchte nach wie vor, dass er ernährt, gelebt und erhalten wird. Er erscheint uns im Kleide des Guten und lässt uns glauben, wir tun das Richtige. Doch wir stecken im Eigenwillen fest und übersehen die Wahrheit. Wir selbst sind die größten Sklaven unseres Eigenwillens. Die Unterjochung vieler Völker der Welt oder die Knechtschaft bestimmter Felder sind nur die äußere Darstellung der inneren Bindung. Wenn man sich von den Banden und Einflüsterungen des Eigenwillens befreit und diesen auf den wahren Weg führt, den Eigenwillen also dem Willen Gottes übergibt, dann kann man auch innerhalb der Bindungen der Welt frei sein.

Wir selbst erschaffen unsere Realität, und je mehr wir dem Wirken der Schöpferkräfte vertrauen, umso weniger können die verdichteten und nach Selbsterhaltung suchenden niederen Energiefelder Einfluss nehmen. Dann werden wir auch vom Einfluss der Emotionen immer freier, denn die eigenen Bedürfnisse sind übergegangen in das Wissen um die Liebe und die größere Einheit des Lebens.

Unsere Wahrnehmung der Realität hängt somit nicht mehr von den Vorgaben der Welt oder von eingefahrenen Gedankenmustern ab, sondern wir gehen in Richtung geistige Freiheit und klare Entfaltung von Bewusstsein. Wir erheben uns über die Wirren der Emotionen und Gedanken dieser Welt und lassen uns von einer höheren Warte inspirieren. Positive Gedanken und liebevolle Gefühle erfüllen unser Wesen, welche nicht aufgesetzt oder konstruiert wurden, sondern einfach nur sind. Wir sind reines Bewusstsein.

11

Können Tiere denken?

Wenn man das Dasein der meisten Tierarten betrachtet, kann man sicher davon ausgehen, dass sie die meiste Zeit gemäß der Weisungen aus ihrem Inneren, also ihrer Triebe und Instinkte, handeln. Es sind vorgefertigte Programme, welche für die jeweiligen Tierarten in ganz spezieller Weise konstruiert wurden. Jede Tierart hat ihre jeweiligen Engel und Führungswesen und wird, ihrem Entwicklungsniveau entsprechend, von diesen geführt. Über vorprogrammierte Instinkte und das genetische Material werden genaue Anweisungen gegeben, nach welchen sich die Tiere richten. Sie folgen deren Instruktionen und kennen kein Nachdenken darüber.

Auch bei der Wahl der Partner richten sich die Tiere streng nach ihren inneren Anweisungen. Sie folgen einer Vorgabe und wissen genau, welche Art die ihre ist. So würde sich keine Amsel mit einem Spatzen paaren, obwohl dieser auch ein Vogel ist. Jede Tierart und jede Untergattung hat ihr genaues und spezifisches Energiemuster. Darauf sind die Tiere programmiert, und nach diesen Weisungen leben sie auch. Anders ist es mit den Hunden. Da der Mensch die Zucht vieler verschiedener Rassen übernommen hat, kann das Tier nicht mehr deutlich seine ganz spezielle Art unterscheiden. Sie paaren sich mit den verschiedensten Arten ihrer Rasse. Auch Katzen können diese Unterscheidung nicht mehr treffen, und daher gibt es viele Mischungen.

Betrachtet man einen Vogelschwarm, wenn er sich auf den Weg in den Süden macht, wird schnell deutlich, dass bei diesen präzisen Bewegungen, welche in der gleichen Sekunde von allen Tieren ausgeführt wird, nur ein kollektives Bewusstsein leitend sein kann. Aus energetischer Sicht wird *ein* Vogel, der Führungsvogel, das Kommando innehaben, und er wird entsprechend seiner Kraft und der ihm zufließenden Energie den gesamten Vogelschwarm führen. Diese Tiere ordnen sich unter und führen Befehle genau aus. Das muss auch so sein, denn sonst gäbe es ein Chaos, welches dem Leben und der Entwicklung nicht dienlich oder förderlich ist. Man kann auch bei Menschengruppen immer wieder wahrnehmen, dass der Mensch, welcher die meiste Energie und einen guten Intellekt aufweist, die Führung übernimmt. Leider ziehen viele Führungspersonen ihr Energiepotenzial aus der Machtenergie, was sie zwar zu ausstrahlungsstarken Menschen macht, aber sie nicht auf die höheren Energien ausrichtet.

Bei den Ameisen gibt es eine genaue Struktur ihres Daseins. Sie folgen exakt diesen inneren Anweisungen, was für ihr Überleben zwar wichtig ist, aber keinerlei individuelle Entfaltung ermöglicht. Bei den Löwen besteht dagegen ein heftiger Machtkampf zwischen den Männchen. Sie fordern ihre Stellung ein, und ihr Ego ist bereits aktiv. Ein Löwe tötet sogar die Jungtiere seines Rivalen, damit sein genetisches Material verbreitet wird und nicht das seines Gegners. Das hört sich hart und mordlüstern an, ist aber wohl von der Natur so vorgesehen, damit das stärkste genetische Material überlebt und kein schwaches am Leben bleibt. Eine Auslese sozusagen, welche den Fortbestand der Art sichern soll. Das erscheint uns vielleicht lieblos, doch wirkt auch hier eine höhere Weisheit.

Betrachtet man die feinstofflichen Informationen, wird deutlich, dass jede Tierart eine spezielle Funktion des Lebens ausdrückt sowie spezielle emotionale und entwicklungstechnische Eigenarten am Leben erhält und diese auch festlegt. Jede Tierform lernt in der für sie vorgegebenen Weise und manifestiert somit die Basis des

Seins in ihrer Art. Im Menschen sind alle Arten der Tiere, alle Arten der Pflanzen und alle Mineralien und Stoffe der ganzen Erde enthalten. Er ist sozusagen die Krone allen Seins – der Schöpfung – und auch die „Arche Noah", in der alle Tierarten, je eines männlich und eines weiblich, enthalten sind.

Man kann die instinktiven Vorgehensweisen gut daran erkennen, wenn man beispielsweise die Schildkröten betrachtet. Sie legen ihre Eier in den Sand, deren Stelle sie nach den Instinkten auswählen, und verlassen dann ihr Gehege. Die Jungen werden von der Sonne ausgebrütet und wissen wiederum genau, wohin sie sich nach dem Schlüpfen wenden müssen. Bei Vögeln, welche ihre Jungtiere hingebungsvoll füttern und bis zu einem bestimmten Alter führen, kann man dennoch sehen, welchen inneren Impuls das Öffnen und Kreischen der Jungen mit den Schnäbeln in den Alttieren verursacht. Sie wissen genau, dass in die Schnäbel Futter hinein muss – und bringen es auch. Sie verlassen nach der Aufzucht ihre Jungen und wenden sich im nächsten Jahr einer neuen Aufzucht zu. Trotz dieser Hingabe sind sie emotional nicht mehr an die Jungen gebunden.

Studiert man die Brutpflege und Fürsorge der Jungen bei manchen Säugetierarten, kann man schon viel über den Entwicklungsstand des Tieres herauslesen. Je liebevoller und hingebungsvoller die Eltern, und teilweise sogar die Geschwister, sich um die Jungen kümmern, umso stärker besteht deren emotionales Gefüge. Manche Jungtiere lernen nur über die Anweisungen der Eltern oder Geschwister. Sie haben über die Gene oder die Intuition nur teilweise einen gewissen Wissensschatz erhalten und müssen deshalb die Fähigkeit des Überlebens oder Jagens erst lernen. An der tschechisch-deutschen Grenze zum Böhmerwald wurde zu Kriegszeiten eine tiefe Schneise gezogen und auf alles geschossen, was sich bewegte. Diese Gefahr geben auch die heute lebenden Hirsche immer noch an ihre Jungtiere weiter. Ihre Furt überquert nie die alte Schneise, weder auf der tschechischen noch auf der deutschen Seite. Es erfolgt somit ein

Lernen, eine Übermittlung von Wissen an die nächste Generation. Und wo sollten diese Tiere denn lernen, wenn nicht in einem bereits aktiven Gehirn mit beginnenden Gedankenstrukturen. Zwar noch mit niederen Strukturen in Bezug auf die Menschen, aber dennoch mit den Kräften der ersten Gedankenebene. Es gibt insgesamt sieben Ebenen, und einige Tierarten haben sich in der ersten Gedankenschicht bereits gut entfaltet.

Innerhalb der Tiergattungen ist eine klare Entwicklung wahrzunehmen. Die einen sind auf ihrem Weg noch vollkommen von der geistigen Führung abhängig und konnten noch gar keine individuelle Entfaltung erreichen, und manche Tierarten sind schon so weit, dass sie in den ersten Gedankenschichten bereits nach mentalen Wegen suchen können. Wölfe oder Schakale gehen nicht selten sehr raffiniert bei ihren Angriffen vor. Hat beispielsweise ein Bär eine Beute gerissen und sie möchten sie ihm wegnehmen, sind sie durchaus in der Lage, mit einem Ablenkungsmanöver den Bären so zu verwirren, dass sie ihm die Beute abjagen können. Je eingespielter das Team, umso schneller erkennen die Jäger untereinander, welche Taktik oder welche Strategie in der bestimmten Situation vom Leittier angewandt wird. Auch neue Wege der Jagd und der Taktik sind immer willkommen, und man kann gut erkennen, dass das Leittier immer für etwas Neues offen ist. Ein Fuchs weiß ganz genau, dass ein Steinadler am Boden keine Gefahr für ihn darstellt, er versucht sogar, ihm seine Beute abzunehmen, wenn er kann, aber sobald er sich in die Lüfte erhebt, wird der Fuchs zum potenziellen Jagdziel.

Die Jagd und der Überlebenskampf fordern das Tier heraus. Es muss sich entwickeln, es muss Strategien lernen und seinen Geist wachhalten. Ansonsten ist sein Leben schnell beendet. Durch den Kampf und die Aggression wird der Geist wach und aktiv, der Wille zum Überleben fordert eine intellektuelle Anpassung, und die Emotionen treiben das Tier an. Das ist nicht selten der Motor der Entwicklung.

Auch innerhalb der Tierwelt gilt es, sich bewusst zu machen, dass nicht jeder Jäger oder Hund, jeder Delphin oder Elefant intelligent oder jede Katze klug ist, sondern dies hängt immer auch vom Entwicklungsstand des jeweiligen Tieres ab. Hier gibt es durchaus sehr große Unterschiede, was auf eine beginnende Individualität hinweist. Dennoch sind die Tiere mit ihrem kollektiven Bewusstsein, ihrem übergeordneten Geistwesen, verbunden und haben Zugang zu ihrem kollektiven Gedächtnis. Inzwischen ist, besonders durch die Forschung von Rupert Sheldrake, bereits mehrfach deutlich geworden, dass Erkenntnisse und neue Strategien, welche von Tieren auf einem anderen Kontinent gemacht wurden, immer auch auf das gesamte irdische Gefüge, also das kollektive Gedächtnis der Tiere, übergegangen sind.

Die meisten Tiere werden von einer höheren Wahrnehmung, von einem sechsten Sinn, gelenkt, welcher uns Menschen teilweise verlorengegangen ist. Sie spüren Erdbeben im Voraus, werden vor Vulkanausbrüchen gewarnt und fühlen teilweise auch ihre nahe Zukunft. Schweine können oft erahnen, wenn ihre Zeit zur Abholung auf den Schlachthof gekommen ist. Sie haben Angst und fühlen die drohende Gefahr für ihr Leben. Gänse spüren ein nahendes Erdbeben, und viele Tierarten flüchteten vor dem Tsunami in Thailand in ein höher gelegenes Gebiet.

Höhere Tiere, vor allem Haustiere, haben ein Gedächtnis. Sie können von Erfahrungen lernen und wissen nicht selten ganz genau, was in den jeweiligen Situationen geschehen oder was von ihnen verlangt wird. Ansonsten könnte es nie eine Dressur geben. Das ist zwar angelernt, aber was sollte denn lernen, wenn nicht ein Gehirn mit entsprechender Aktivität vorhanden ist. Tiere speichern Erfahrungen und erweitern ihren Speicher; und wo ein Gedächtnis vorhanden ist, existiert auch das, was darin gespeichert wird. Es sind Gedanken und Erinnerungen, eng verknüpft mit den Gefühlen. Auch wenn es uns schwerfallen mag zu akzeptieren, dass einige Tierarten denken können, ist es dennoch so.

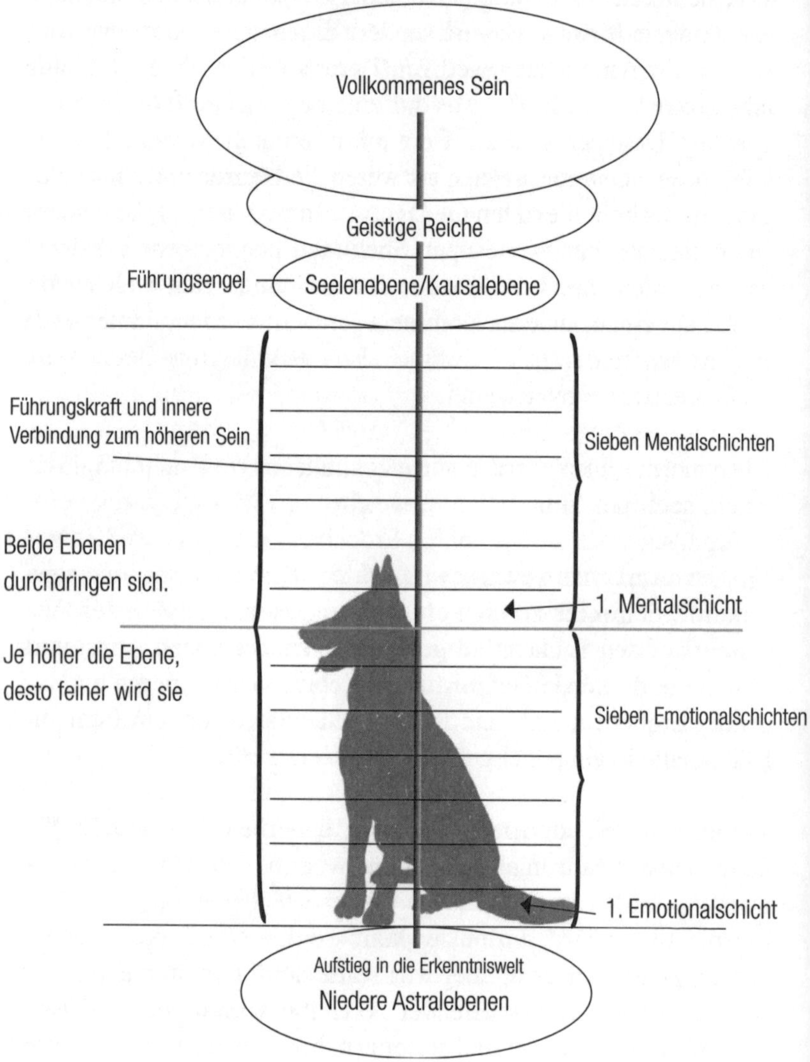

Vollkommenes Sein
Geistige Reiche
Führungsengel
Seelenebene/Kausalebene
Führungskraft und innere Verbindung zum höheren Sein
Sieben Mentalschichten
Beide Ebenen durchdringen sich.
1. Mentalschicht
Je höher die Ebene, desto feiner wird sie
Sieben Emotionalschichten
1. Emotionalschicht
Aufstieg in die Erkenntniswelt
Niedere Astralebenen

Natürlich sind dies die Anfänge von Denkmustern, aber dennoch sind sie bereits im mentalen Bereich aktiv. Selbst beim Beobachten mancher Tiere kann man in den Augen sehen, dass etwas in ihren Gehirnen vor sich geht, und nicht selten sogar ihre Gefühle erforschen.

Im neuen Zeitalter werden vor allem die Haustiere die nächsten Gedankenebenen erreichen. Der Mensch wird mit ihnen sogar in entsprechender Weise kommunizieren können, und die Tiere werden sich in ihrer persönlichen Entscheidungskraft weiterentwickeln. Die Nähe der Tiere zu ihren Führungswesen wird intensiver, und sie fühlen deutlicher ihren eigenen Weg. Es wird keine Tiere mehr geben, welche andere töten oder auffressen, um zu überleben, und das Miteinander in der Tierwelt wird sich entfalten. Dann können die Lämmer bei den Wölfen weiden, und es wird ihnen nichts mehr geschehen.

Auch merken entwickeltere Tiere, vor allem Haustiere, ganz genau, welche Emotionen sich im Menschen vor ihm abspielen. Vor allem in den Menschen, die ihnen nahestehen. Sie sind nicht selten eng mit diesen verknüpft, was auch die Krankheitsübernahme der Tiere von ihren Herrchen oder Frauchen ausdrückt. Werden sie gehänselt und ausgelacht, spüren sie das ganz genau. Es schmerzt sie, auch wenn sie das nicht so deutlich ausdrücken können. Sie fühlen sich verletzt und missachtet, was sie dann vermutlich eines Tages wieder zurückgeben werden.

Ärgert man Tiere immer wieder, werden sich in ihrem Inneren große Speicher von Ärger auftürmen. Ablehnung und Frust und die ganzen Emotionen, welche in diesen Situationen gefühlt werden, stauen sich an und werden sich zur gegebenen Zeit auch wieder entladen. Diese Tiere sind immer unruhig, und ein Lauern liegt in der Luft. Tiere merken genau, wenn Menschen in primitiver Weise ihr kleines Ego damit befriedigen, dass sie Tiere quälen oder ärgern. Sie rauben dem Tier die Energie und laden sich selbst damit auf. Diese niedere Art sucht sich gesetzmäßig einen Ausgleich – und irgendwann wird die Revanche kommen.

Tiere fühlen viel mehr, als wir uns bewusst machen. Dies hat sich in den letzten Jahren sogar verstärkt, da auch bestimmte Tierarten auf den Übergang in das neue Zeitalter vorbereitet werden. Dann wird es Tiere geben, die sogar ganz kontrolliert vom Menschen der Zukunft lernen möchten. Sie werden ihre Individualität entwickeln und ihre Gedankenkraft stärken. Sie werden eng beim Menschen leben und die Hinwendung zu den höheren Tugenden fördern.

Dann wird die Menschheit liebevoll und fürsorglich mit den Tieren umgehen, und ein respektvolles Miteinander wird das Leben beherrschen. Es werden keine Tiere mehr für die Nahrung getötet oder gar in Massentierhaltungen gezüchtet. Tierversuche sind ein absolutes Tabu. Benötigen die Menschen etwas von bestimmten Tieren, wird der kollektive Engel, das Führungswesen dieser Tierart, befragt, ob beispielsweise die Elefanten die schweren Baumstämme aus dem Wald ziehen können. In Harmonie mit den höheren Gesetzen wird der Umgang mit den Tieren gepflegt. Das ist eine beglückende Aussicht auf ein respektvolles und liebevolles Miteinander mit den Tiergeschwistern dieser Erde.

12

Alte Gedankenfelder – Identifikationen

Es ist sehr wichtig, sich von alten Gedankenfeldern oder Identifikationen zu lösen. Ist der Mensch noch mit irgendwelchen Fasern seiner Seele mit alten Feldern verhaftet, wird seine Führung alles dafür tun, damit diese in das Bewusstsein gelangen und hier aufgelöst werden. Diese Auflösung in der Gegenwart kann auf sehr unterschiedliche Arten geschehen, je nachdem in welcher Form die Bindung oder Verbindung noch vorhanden ist.

Bestimmte Prägungen und Beeinflussungen folgen immer wieder einem vorgegebenen Verhalten. Hier wird auch deutlich, wie stark der Mensch von aufgebauten Feldern, von Verhaltensprägungen oder niederen Strukturen beherrscht wird. Dies dauert an, solange sein Bewusstsein noch nicht offen genug ist, um zu erkennen, oder sein Wunsch nach höherer Entwicklung noch nicht genügend ausgebildet ist.

Nehmen wir beispielsweise das niedere Verhalten bestimmter Ego-Strukturen, wenn diese sich über Gewalt, Unterdrückung oder Verachtung mit Energie versorgen wollen. Meistens stehen unverarbeitete Demütigungen oder schwerste Erlebnisse dahinter, für welche man noch nicht die nötige Kraft aufzubringen glaubt, um diese anzusehen, anzunehmen und mit der Kraft des Verzeihens wandeln zu können. Manchmal sind die Menschen auf ihrem

Entwicklungsniveau einfach noch nicht an dieser Erkenntnisstufe angelangt. Unabhängig vom Hintergrund, bleibt das Schema immer das Gleiche.

Daraus wird erneut deutlich, dass der Mensch von seinem Unterbewusstsein beherrscht wird und über das Unterbewusstsein die dunkle Seite und kollektive negative Strukturen die Herrschaft innehaben. In solchen Fällen leben die Menschen ihre niederen Vorgehensweisen und menschenverachtenden Handlungen immer wieder neu aus. Sie ändern sich nicht und glauben den dunklen Einflüsterungen, dass alles schon seinen richtigen Gang nehme. Doch irgendwann gelangt ein Erkenntnisfunke in das Bewusstsein des Menschen, dass hier etwas nicht stimmen kann. Vielleicht ist es das Gefühl der Nächstenliebe, welches endlich aufkeimt, oder der Mensch wurde durch einen schmerzlichen Umstand auf sein eigenes Verhalten hingewiesen. Dann wird er dieses Verhalten erst bemerken, wenn es bereits vorbei ist, er also seine Handlung wieder ausgelebt hat. Dies geht noch eine Weile, bis das Bedürfnis nach Veränderung so stark wird, dass er von der lichten Seite seines Inneren die Kraft bekommt, bereits mitten in der Situation einzugreifen und sein altes Verhalten nicht länger durchzuführen. Er wird in der Folge seines Bemühens immer früher seine alten Muster erkennen und kann so eingreifen, um sich zu stoppen und andere Wege zu gehen. Sein inneres Gefühl, welches nach wie vor ebenfalls von den großen Feldern getrieben wird, versucht dennoch, das alte Verhalten wieder zu aktivieren. Inzwischen hat er aber bereits die Kraft, es nicht mehr zu tun. Gefühlt wird es dennoch. Erst mit der Zeit wird auch der Antrieb, die Forderung der alten Muster, nachlassen, und der Mensch wird zu mehr Frieden finden. Wird der Wesenszug vollkommen in die Liebe ausgerichtet oder die alten Schmerzfelder aufgearbeitet und ins Verzeihen gebracht, lösen sich diese negativen Züge auf, und der Mensch muss sich in der Folge gar nicht mehr um Veränderungen bemühen, da diese bereits vollzogen sind. Er kann loslassen.

Es existieren die unterschiedlichsten Bindungen an alte Felder oder Prägungen. So kann es beispielsweise geschehen, dass man von Kindheit an einen starken Bezug zum alten Ägypten hat. Immer wenn Informationssendungen oder Filme laufen, werden sie angeschaut, und im Inneren werden starke Emotionen gefühlt. Dann kann man sicher sein, dass es hier noch etwas zu betrachten und aufzulösen gilt.

Nehmen wir das Beispiel von Renate. Bei ihr waren stets genau diese beschriebenen Emotionen vorhanden. Sie wusste, dass es ihr eines Tages möglich sein würde, in dieses Land zu reisen. Endlich war es dann so weit, und sie buchte mit ihrem Freund einen Urlaub in Ägypten, mit allem, was dazugehört: Schiffsreise auf dem Nil und der Besuch aller Sehenswürdigkeiten, welche das Reiseunternehmen zu bieten hatte. Doch die Reise wurde kein wirkliches Vergnügen, sondern eher eine Strapaze. Gleich nach dem Besuch des ersten Tempels zeigten sich körperliche Symptome. Ihr war schwindelig, sie musste sich immer wieder übergeben und litt unter fürchterlichen Kopfschmerzen. Von den unfassbar schrecklichen Gefühlen, welche Renate immer wieder erfüllten, ganz zu schweigen. Sie begriff zwar die Welt nicht mehr; doch auf den geistigen Ebenen vollzogen sich wichtige Verarbeitungsschritte.

Renate wurde in einem früheren Leben in Ägypten mumifiziert und gehörte einem uralten Kult an. Diesem Kult schwor sie ewige Treue, und an ihrem mumifizierten Leib befanden sich immer noch Bewusstseinsteile, welche darauf warteten, wieder erweckt zu werden. Mit solch einer Bindung kann man nicht frei sein. Renate hatte natürlich in ihrem Tagesbewusstsein diese Rücknahme und Aufarbeitung nicht eingeleitet, doch ihre höheren Seelenteile waren auf diese Verarbeitungssituation gefasst. Sie erhielt aus den höheren Ebenen dafür sehr viel Energie, was sie auch tatsächlich spürte und dankbar annahm. Sie glaubte an die Reinkarnation und vermutete bereits eine alte Karma-Aufarbeitung. Dadurch war es ihr möglich, sich nicht gegen diese Energien zu wehren, sondern sie versuchte, sie liebevoll anzunehmen, was ihr dennoch sehr schwerfiel. Durch die körperliche Nähe und die energetische Aktivierung der alten Felder wurden die verbliebenen Seelenfasern an der Mumie, welche sich immer noch irgendwo in diesem Gebiet befanden, in Reaktion versetzt. Sie konnten sich lösen und vereinten sich mit der heutigen Persönlichkeit von Renate. Auch der alte Schwur konnte durch die Erkenntnisse, welche Renate in ihrem jetzigen Leben erlangt hatte, aufgelöst und in die Freiheit des Geistes übergeben werden. Dieser Vorgang kostete sehr viel Energie, und sie fühlte sich zutiefst erschöpft. Nach drei Tagen war der Prozess jedoch vorbei, und sie konnte ihre Reise auf dem Nil noch genießen.

Meist sind mit derartigen Banden auch uralte starke Felder verknüpft. Äußerlich längst vergangene Kulte und religiöse Gemeinschaften üben dann auf den heutigen Menschen eine gewaltige Anziehungskraft aus. Sie sind zwar in der äußeren Welt nicht mehr vorhanden, existieren aber in jener dunklen Astralschicht weiter, welche eng an der irdischen Ebene hängt. Durch die Reinigung dieser Astralschichten, welche von den Lichtwesen gegenwärtig im Auftrag der Schöpfung vorgenommen werden, müssen sie in das irdische Projektionsfeld und können sich dadurch natürlich zeigen. Das mag sich unangenehm anhören, erweist sich aber als erstrebenswerte Gelegenheit, alte Anhaftungen oder Gedankenprojektionen aufzulösen. Dies ist auch der Hintergrund, welcher für die Klärung der Aura und die Durchlichtung des Menschen notwendig ist.

Nicht selten werden solche alten Kraft- und Kultfelder noch von heutigen Gemeinschaften genutzt, um an Macht und Einfluss zu gelangen. Dann kann es sein, dass Sie sich, ohne dass Sie genau wissen warum, in einer Sekte befinden, welche von den alten Geistern gelenkt und geleitet wird. Die Menschen wissen manchmal gar nicht, was hinter einer solchen Energie oder derartigen Wesen steckt oder was sie tatsächlich anrichten, wenn sie neue

Mitglieder rekrutieren. Durch die Erneuerung möchten nicht selten alte Wesen, welche vielleicht sogar einmal als Götter verehrt wurden und Opfergaben erhielten, durch die jetzigen Menschen neu belebt werden. Sobald sich der Mensch mit diesen Energien beschäftigt, an sie glaubt oder von ihnen fasziniert wird, gibt er ihnen bereits Kraft. Gedanken- und Emotionalenergie strömen in das Feld, kräftigen und erneuern es. Doch auch diese Darstellung einer Dunkelkraft kann wieder mit der Liebe des Geistes verbunden werden, welche dem Menschen helfen möchte, seine alten Bindungen zu erkennen und zu lösen.

Sobald man einen emotionalen Zug oder gar einen Zwang in sich fühlt, den man sich nicht erklären kann, ist mit Sicherheit eine alte Bindung vorhanden. Auch alte Rituale werden wiederholt und belebt, um die Bindungen zu erneuern, doch können sie von einem Menschen, welcher sich auf dem Weg der Loslösung befindet, immer auch dazu genutzt werden, um sich endgültig und in der Erkenntnis des wahren Weges davon zu lösen.

Manchmal war die Kraft der Gemeinschaft oder die Einbindung in ein bestehendes Kraftfeld durchaus sinnvoll, doch in der heutigen Zeit sollte alles in die Freiheit des Geistes entlassen werden.

Doch nicht nur alte Felder, welchen man Treue geschworen hat, müssen sich wieder zeigen, auch Projektionen oder Gemeinschaften, welche man in einem früheren Leben vielleicht abgrundtief gehasst hat, müssen wieder in die Neutralität und Liebe gebracht werden. Dann erleben Sie vielleicht, wie Sie an Ihrer Arbeitsstelle bis an die Grenzen der Erträglichkeit gemobbt werden. Doch auch dieses Geschehen ist notwendig.

Immer wieder zeigt sich, dass es für die meisten Menschen in der jetzigen Lebensphase darum geht, alte Belastungen endgültig loszulassen und sich auf die neue Zeit einzustellen. Es handelt sich um die Aufgabe, alle seine Fasern in die Liebe auszurichten, alles in die Gegenwart zu bringen und die Reste emotionaler Lieblosigkeit zu erkennen und zu ändern.

Ganz besonders können die alten Bindungen, die sich nicht selten im heutigen Leben erneuern, daran erkannt werden, dass die Menschen, welche noch unfrei darin festsitzen und beeinflusst werden, vehement und intensiv die alten Weisungen ausleben wollen. Meist werden Forderungen lautstark gestellt, um gewisse Ziele zu erreichen. Menschen mit anderen Meinungen werden schlechtgemacht, und nicht selten wird auch Gewalt als Mittel der Wahl genutzt. Intensiv werden die Emotionen aufgebaut und aufgebauscht und mit dem Einsatz aller Kräfte die sogenannte Wahrheit durchgesetzt. Kritik ist nicht erlaubt, und wer es dennoch wagt, wird verachtet oder sogar angegriffen. Dies können politische Richtungen sein, aber auch religiöse Vorstellungen. Solche Menschen sind nicht mehr mit ihren höheren Geisteskräften verbunden und erhalten von hier keine Eingaben mehr, sondern sie sind ausschließlich im weltlichen Gefüge gefangen. Dieses ist hocherfreut, einen kräftigen Streiter gefunden zu haben, und versucht, ihn nicht mehr so schnell loszulassen.

Solche Menschen sind nicht mehr frei, sondern haben sich mit einem kollektiven Feld identifiziert. Sie glauben, ein Angriff auf das Feld sei auch ein Angriff auf sie selbst. Deshalb setzen sie alles ein, um es zu verteidigen. Das ist eine gelungene Masche der dunklen Seite. Dafür erhalten sie das Gefühl, nicht alleine zu sein und einem höheren Ganzen anzugehören. Endlich sind sie einmal wichtig!

Deshalb ist es bedeutsam, sogar die eigenen Aussagen zu überprüfen. Wenn sie sagen: „Ich bin ein Banker“, verknüpfen sie sich sofort mit dem großen kollektiven Feld des Bankwesens. Dieses hat ja nun nicht nur Gutes in die Welt gebracht. Sie sind daher sofort auch mit allen Lasten dieses „Wesens“ verbunden. Sehr viele Berufe haben ihr eigenes Gruppen-Karma. In der Vergangenheit wurden sogar entsprechende Kleider getragen, damit man sehen konnte, zu welcher Berufsgruppe oder Zunft man gehörte. Betrachten wir nur die schönen Gewänder, welche dies symbolisieren. Zimmerleute tragen teilweise noch heute ihre Kluft. Das kann man durchaus tun, wenn man sich bewusst ist, dass man zwar den Beruf des Zimmermanns ausübt, aber deshalb nicht zum alten Feld der Zimmerer zugehörig ist.

Man kann die innere Freiheit dadurch ausdrücken, dass man sagt: „Ich arbeite in der Bank“ oder „Ich arbeite als Bäcker“ und nicht „Ich bin ein Bäcker“ oder ein „Ich bin ein Banker“. Das mag sich seltsam anhören, doch wer wirklich frei sein möchte, muss auch diese Wirkungsweisen berücksichtigen. Ist es im Inneren fest verankert, spielt es keine Rolle mehr, wie man sich ausdrückt, doch sind die Gedanken und die Felder stark und möchten immer ernährt und erneuert werden.

Überall in der Welt tauchen im Moment wieder längst vergessen geglaubte Kulte und Erinnerungen auf. Menschen, welche etwa noch mit Sehnsüchten in der Zeit der Ritter festhängen, erhalten durch die belebten Mittelaltermärkte und Filme die Möglichkeit, an die alten Belastungen und Bindungen heranzukommen. Sobald Sie einen Zwang in sich fühlen, der Sie zu bestimmten Gruppen, Religionen oder Lebensphilosophien drängt, können Sie sicher sein, dass hier noch eine Ablösung geleistet werden muss. Das heißt nicht, dass diese alten Energien immer schlecht sind, es bedeutet lediglich, dass eine Bindung vorhanden ist, welche die Freiheit Ihrer Seele einschränkt. Deshalb sollte man auch hier nicht ins Urteilen abgleiten, sondern immer in Liebe und Dankbarkeit die Situationen so nehmen, wie sie sind.

13

Das universelle Gedankenfeld

Die Schöpfung zu verstehen oder gar das höchste Wirken Gottes, ist für unseren Verstand nicht möglich. Wir können ansatzweise versuchen, einen groben Umriss zu erfassen, und sollten dann am besten wieder gedanklich loslassen, da wir ansonsten nur Kräfte binden würden und der Fluss unserer Energien nicht mehr gewährleistet wäre. Nichts sollte eingeengt oder gar als „Wissen" gebunden werden. Wenn es die Wahrheit ist, wird sie sich selbst beweisen, und man muss sie auch in der Öffentlichkeit nicht krampfhaft darlegen oder nach Bestätigung suchen. Der Weise lässt das Geschehen fließen. Auch in einem Buch sollte Ihnen ausschließlich eine Möglichkeit der Wahrheitsfindung gegeben werden. Ob Sie diese annehmen möchten, bleibt ganz Ihnen überlassen.

In der modernen Quantenphysik wird deutlich, dass es in Wahrheit keine Materie gibt und hinter allem Geschehen Bewusstsein und Geist vorhanden sein müssen. Das macht auch der Versuch deutlich, in dem ein Photon als Welle oder als Teilchen auftritt. Erst als das Photon mit genauen Messinstrumenten als Teilchen definiert werden sollte, zeigte es sich als Teilchen, nicht als Welle, wie zuvor. Das bedeutet, dass der Beobachter die Realität des Seins erschafft und in diesem Fall das Photon nicht mehr als Welle, sondern als Teilchen vorhanden ist. Es ist ein „Ding" entstanden. Somit ist es das Bewusstsein des Menschen, welches diesen Vorgang steuert, und das Photon ist dem menschlichen Geist „zu Diensten".

Elementarteilchen, welche nicht von einem menschlichen Bewusstsein beobachtet werden, verbleiben in ihrer vorgegebenen Struktur und in ihrem von der Schöpfung vorgegebenen Sein. Daraus lässt sich erahnen, dass alles, was auf dieser Erde geschieht, zuerst gedacht worden sein muss. Hier müssen wir natürlich den göttlichen Schöpfungsakt von der menschlichen, weltlichen Schöpfung unterscheiden. Zum einen sind es die herausragenden Lebensmechanismen und Zusammenhänge der Kräfte, welche diese Erde steuern und im Gleichgewicht mit dem ganzen Kosmos darum herum halten, und zum anderen das erschaffene Lebensgefüge des Menschen mit all den Städten, Kernkraftwerken und allem, was dazugehört. Die Erde würde den Menschen für ihre harmonische Existenz mit den Pflanzen, Tieren und den feinstofflichen Umgebungen und Kräften nicht benötigen, aber der Mensch kann ohne dieses Grundgefüge nicht existieren.

Das ist im Grunde eine schockierende Erkenntnis. Alles, was technisch auf der Erde vorhanden ist, wurde von Menschen gedacht beziehungsweise als Information entweder aus höheren Wissensspeichern empfangen oder als Manipulation aus den niederen Ebenen eingespeist. Der Mensch hat seine Welt selbst erschaffen mit all den gedanklich festgefahrenen Gedankenbildern, was auf dieser Erde zu geschehen hat und was nicht, was in ist und was out, was man sprechen darf und was man essen und trinken soll. Wir stehen tatsächlich vor einem Abgrund. Niemand mehr weiß wirklich, wie es weitergehen soll; weder in der Energiepolitik noch im Finanzwesen, weder in der Ernährungspolitik noch im Gesundheitswesen. Das macht erschreckend deutlich, dass die Mehrheit der auf der Erde lebenden Menschen nicht den Willen des Höchsten akzeptieren und leben möchte, sondern ihren eigenen Willen. Wie begrenzt, machtbesessen und menschenverachtend dieser allerdings ist, zeigt sich nun sehr deutlich auf dieser Erde. Natürlich ist dies auch zu einem guten Teil auf die Einwirkungen der dunklen Kräfte zurückzuführen, doch sind es immer die Menschen, welche einen Körper haben, die Christus-

Kraft im Herzen tragen und dennoch die Auslöser und Erzeuger der niederen Energien sind.

Doch es scheint nicht das erste Mal zu sein, dass eine Menschheit vor ihrem Aus steht. Solch eine Entwicklungsepoche scheint notwendig, damit darin und dann aus ihr heraus immer einige Menschen ihren Weg zurück in die geistigen Reiche finden können.

Egal welches menschliche System wir zurzeit betrachten: Es ist am Ende! Ob es das alte Gesundheitswesen, das bisherige Schulwesen, das Staatswesen oder die Ernährungsprogramme sind, alles ist in seiner Struktur komplett ausgereizt und außerhalb der höheren Ordnung. Machtstreben, Egoismus, Geldgier, Unterdrückung und Lieblosigkeit sind die Basis der meisten Systeme, und die Vorgänge in der Welt zeigen uns deutlich auf, dass alles, was aus den niederen Energien erschaffen wurde, zerbricht und keinen Bestand mehr hat auf dem wahren Weg des Seins.

Die Welt steht am Abgrund, und es ist unverkennbar, wohin den Menschen eine Welt des Eigenwillens und der Gottferne führen wird. Wer in dieser Zeit erkennt, wie wenig Wahrhaftigkeit und Liebe der Eigenwille aufweist und wie stark seine Beeinflussungen sind, der hat die besten Voraussetzungen für wahre Erkenntnis und ein Bewusstsein für die lichtvollen Wege in die Geistige Heimat. Noch kämpfen die eigenwilligen Gedankenformen um ihre Existenz, doch wird ihnen bald die Bühne genommen, auf der sie sich bisher ausleben konnten.

Wenn man die feinstoffliche Wirklichkeit genauer betrachtet, ergibt sich ein ziemlich klares Bild. Es ist zwar nur ein grober Rahmen, aber er kann dennoch einen gewissen Einblick verschaffen. Die tiefsten Schöpfungsprinzipien kann der Mensch natürlich nur erahnen.

Es wird deutlich, dass es einen ursprünglichen Schöpfergeist „Gott“ geben muss, welcher zuerst mit allmächtiger Gedankenkraft die gesamte Schöpfung erdacht hat. Er formte durch die Kraft seiner Gedanken auch die materiellen Welten. Diese bestehen aus einer Vielzahl kleinster Teilchen, welche die Basis der Materie bilden. Sie sind alle miteinander vernetzt, und jedes dieser Ur-Teilchen steht in reger Kommunikation mit allen Teilen des Seins. Alles, was einem dieser Teilchen widerfährt, registrieren alle anderen Teilchen. Deshalb bleibt nichts, was auf der Erde geschieht, von allem anderen, was existiert, unberührt.

Das gleiche Prinzip gilt auch im Körper. Alles ist in jeder einzelnen Zelle vorhanden, das komplette genetische Material eines Menschen. Auch die Erde ist vernetzt und wir mit ihr. Somit „weiß“ die Erde auch, dass wir auf ihr Atommüll lagern, welcher noch in hunderttausend Jahren das Leben auf ihr zerstören wird.

Auch wir Menschen sind alle miteinander vernetzt. Das World-Wide-Web spiegelt uns dies in der äußeren Welt deutlich wider. Es ist lediglich die äußere Darstellung der inneren Vernetzung, inklusive der zerstörerischen Viren, welche auf unaufmerksame Benutzer übergreifen können. Es werden Scheinwelten erschaffen, in denen die Menschen den ganzen Tag mit der Welt „spielen“ können. Die astrale Welt ist ähnlich aufgebaut. Hier existieren ebenfalls ganze Welten, welche von Menschen erschaffen wurden und in denen sich viele Seelenabspaltungen befinden.

Man hat inzwischen festgestellt, dass Menschen, welche sich nahestehen, fast identische Gehirnwellen aufweisen. Schon früher wusste man, dass Frauen, welche täglich eng zusammenarbeiten mussten, immer zur gleichen Zeit ihre Periode bekamen. Das macht die engen Zusammenhänge von Körper und Geist sehr deutlich.

Bleiben wir beim Schöpfungsakt. Aus den kleinsten Ur-Teilchen formte der Schöpfer die Materie. Die Ur-Bausteine werden hierzu als Kraftfelder und als Energie genutzt. Man kann in jedem Lebewesen eine ganz eigene Schöpferenergie erkennen. Pflanzen haben ihre eigenen Wege und Möglichkeiten, sich in der materiellen Schöpfung zurechtzufinden. Sie haben vom Höchsten eine innere Weisung erhalten, nach der sie sich richten und welche ihnen den Weg aufzeigt. Alles Sein ist immer mit der Schöpferkraft verbunden und erhält über feinstoffliche Wege die Informationen, welche gerade benötigt werden. Leichte Veränderungen innerhalb der irdischen Verhältnisse oder dem Klima sind immer möglich, doch haben sie ihre Grundstruktur mit solch einer Intelligenz und Weisheit erhalten, welche uns in höchste Demut versetzen sollte.

Tiere haben ebenfalls ihre Instinkte und ihre Möglichkeiten, im Leben den ihnen vorgegebenen Erkenntnisweg zu gehen. Über die Gene und ihre Intuition sind sie eng mit dem Schöpfergeist verbunden, welcher jeder Tierart einen speziellen übergeordneten Engel an die Seite stellte. Diese Engel wachen über die einzelnen Tierarten und sind auch in der Lage, sich Veränderungen anzupassen, welche die Erdenheimat ihnen vorgibt. Die grundlegenden Vorgaben sind von der Ur-Intelligenz des Kosmos gegeben worden und beruhen nicht auf dem Zufall.

Wenn man den Menschen betrachtet, wird klar, dass auch er eine Schöpferenergie empfangen hat. In seinem Inneren ist der Mensch mit den höchsten Kräften verbunden. Sobald er lernt, diese in Liebe und Demut anzunehmen, wird er mit dem Licht aus den höheren Ebenen durchflutet und kann segensreich im irdischen Feld wirksam werden.

Leider hat der Mensch seine irdische Umgebung teilweise aus eigenwilligen Prägungen geschaffen. Er hat sich selbst seine Welt erbaut, mit all ihren Begrenzungen und eigenwilligen Gebilden. Auch die Schranken, die sich der Verstand selbst errichtet, sind für ihn durchaus real. Hier dürfen wir den Einfluss der niederen Aspekte des Seins nicht außer Acht lassen. Diese möchten den

Menschen nicht aus ihren Fängen verlieren und unternehmen zurzeit alles, um über das Gesetz der Resonanz die kleinsten Reste im Menschen zu reaktivieren, um weiter Schöpferenergie zu erhalten. Sie selbst sind nicht in der Lage, diese Energie zu erzeugen, sie haben sich abgetrennt davon und versuchen deshalb immer wieder, die Kraft des Menschen zu nutzen.

Doch auch bei dieser scheinbar negativen Auswirkung erhält der Mensch genau dadurch die Möglichkeit, die tiefsten Verdrängungen eigener negativer Energie an die Oberfläche und ins Bewusstsein zu heben. Dadurch kann alles erkannt, gelöst und in die Liebe gebracht werden.

Auch wenn das Negative sich anscheinend selbst aktiviert und erhalten möchte, ist es unausweichlich am Ende doch nur ein – DIENER DES LICHTES – für all die Menschen, welche wahrhaft an sich arbeiten möchten und die Täuschung des Eigenwillens erkannt haben.

Vor einiger Zeit gab es in Amerika einen Fall, bei dem einem Patienten eine Diagnose mitgeteilt wurde, die besagte, dass er Bauchspeicheldrüsenkrebs habe. Diese Krebsart ist sehr aggressiv, und man hat laut Krankheitsbild nicht mehr sehr viel Zeit zu leben. Dieser Patient befasste sich nach der schockierenden Diagnose, die er bedingungslos als wahre Botschaft seines Arztes hinnahm, ohne eine zweite Meinung einzuholen, mit allen Aspekten dieser Krankheit. Er akzeptierte sie vorbehaltlos als seine Realität. Da er keinen Zweifel hegte und die Autorität und das Wissen der Ärzte ohne Widerstände als gegeben nahm, entwickelte sein Körper auch genau die Reaktionen und körperlichen Merkmale, welche der Krankheit entsprechen. Man sollte sich bewusst machen, dass jede Krankheit tatsächlich ihr eigenes Bild in der feinstofflichen Welt aufweist. Je mehr Menschen dieses Bild bestätigen und als Realität annehmen, umso stärker wird es und umso intensiver versucht es auch, sich zu erhalten und Akzeptanz zu zeigen.

So geschah es auch bei unserem Patienten. Er entwickelte genau die körperlichen Symptome, welche das Krankheitsbild vorgab. Er verstarb schließlich nach einigen Monaten daran, doch bei der Obduktion ergab sich eine erschreckende Wahrheit. Der Mann hatte gar keinen Bauchspeicheldrüsenkrebs! Alles hatte sich nur in seinem Kopf abgespielt und durch die Kraft seiner Gedanken und Emotionen auf den Körper übertragen. Seine Gedanken waren somit Realität geworden. Die Fehldiagnose ergab sich aufgrund einer Verwechslung mit einem anderen Patienten. Er selbst war völlig gesund gewesen!

Dies ist eine erschütternde Erkenntnis, doch lässt sie den Schluss zu, dass der Mensch enorme Kräfte entwickeln kann und durchaus in der Lage ist, die Materie zu beherrschen. Er war ohne den geringsten Zweifel. Er glaubte ohne Widerstände – und dies gab ihm eine große zerstörerische Kraft. Wollte ein Mensch aus seinem Tagesbewusstsein dieses Vorgehen nachvollziehen, würde er vermutlich scheitern, da zuerst der Verstand und dann sogleich das Unterbewusstsein sofort mit Zweifeln dazwischen träte. Der Mensch hat nun einmal nicht an der Welt und an seinem Leben zu rütteln! Er muss akzeptieren, was ihm die Obrigkeit vorgibt, und hat zu glauben und zu leben, wie es die Gesellschaft vorschreibt! Das ist ein großes Feld, das erschaffen wurde, um die Menschheit in ihrer Gefangenschaft zu halten. In der Vergangenheit war dies sogar teilweise sinnvoll, da ansonsten der Eigenwille noch kräftiger durchgeschlagen hätte. Doch jetzt beginnt eine neue Zeit. Inzwischen dürfen wir immer mehr zu unserer wahren Natur finden und erkennen: Wir sind gar nicht so machtlos, aber wir sollten stets darauf bedacht sein, das Geschehen in Harmonie mit dem Schöpfergeist zu leben.

Immer wieder wird deutlich, wie stark der Mensch, wenn er nur intensiv daran glaubt beziehungsweise felsenfest davon überzeugt ist, tatsächlich Berge versetzen kann – zumindest jedoch kleine Hügel! Doch mit unserem Tagesbewusstsein sind wir immer noch viel zu stark den Vorgaben dieser Welt verhaftet. Man hat uns zu lange gesagt, was richtig ist und was falsch, und wir wurden dazu erzogen, so zu sein, dass wir ja nicht auffallen und möglichst mit der Meinung der Masse mitschwingen. Es ist bereits zu einer unterbewussten Manie geworden, dass der Mensch sich meist so verhält, dass er angepasst wirkt, von den anderen angenommen und akzeptiert wird und ja nicht aus der Reihe fällt. Tanzt er aus der Reihe, bekommt er es nicht selten mit der ganzen Kraft der eingefahrenen Muster zu tun. Es wird energetisch mit Keulen auf ihn eingeschlagen, und davor möchte er sich möglichst bewahren.

Doch es finden sich immer mehr Wege, sich liebevoll von den alten Prägungen und gedanklichen Aufbauten zu lösen. Immer mehr Menschen erkennen, dass es viel wichtiger ist, auf die Stimme im eigenen Inneren zu hören und auf die Weisungen aus der höheren Welt, als den Vorgaben der Erdenwelt zu dienen. Der Weg der Liebe ist manchmal gar nicht so verschieden von den Lebensidealen der Ahnen, doch sollte auch der eigene Weg immer aus freien Stücken und aus eigener Erkenntnis gegangen werden und nicht aus Zwang oder aufgrund uralter Vorschriften.

14

Die Unterscheidung der Herkunft von Gedanken

Wo kommt ein Gedanke her? Diese Frage ist wohl eine der schwierigsten Fragen überhaupt. Doch gibt es auch hier bestimmte Merkmale, aufgrund derer man in vielen Fällen einigermaßen den Ursprung beleuchten kann.

Bereits die Fragestellung zeigt auf, dass der Mensch, welcher die Frage stellt, sich schon auf dem Weg zur Selbsterkenntnis befindet. Er sucht bereits nach der Wahrheit und möchte sich ein Bewusstsein erarbeiten, welches sich aus den Vorgaben der Welt hinausentwickelt.

Grundsätzlich kann man ein grobes Raster aufstellen, woher Gedanken kommen können:

- von kollektiven Feldern, welche durch die Resonanzgesetze Einfluss erhalten. Hier bestimmt die Emotion die Art des Gedankens
- über die eigene Tätigkeit des Verstandes und das „Finden“ von Lösungsgedanken
- aus den eigenen Erlebnissen und somit Speicherungen aus diesem Leben
- aus dem eigenen Unterbewusstsein
- aus dem höheren Bewusstsein

- aus einer Mischung von Verstandesdenken und höheren Inspirationen
- aus den Reichen der Engel und der Geistigen Führung
- aus Gedankenfeldern, welche die Menschheit vor uns bereits erdacht hat
- aus Ahnenfeldern
- aus Erziehungsmustern
- aus kollektiven Feldern der Arbeitsstelle, der Finanzwelt und der Gesellschaft im Allgemeinen
- von den Menschen beeinflussen wollenden Energiefeldern des Umfeldes
- von Menschen im Gespräch gegenüber
- von Menschen, welche ihre Gedanken im Raum hinterlassen haben
- von in der Stadt unkontrolliert fließenden Gedankenfeldern
- von uralten Kult- oder Kriegsfeldern, die man vielleicht gerade betreten hat

Grundsätzlich kann man festhalten, dass Gedanken entweder von außen eindringen und den Menschen manipulieren wollen oder der Mensch aus sich heraus die Gedanken beeinflusst, selbst denkt beziehungsweise sie aufgrund seines Entwicklungsgrades von der Geistigen Welt erhält. Sie sind also entweder förderlich für den Geistigen Weg oder sie versuchen zu binden und zu erniedrigen.

Ganz grob könnte man sagen, sie sind entweder positiv oder negativ. Doch wie wir bereits wissen, dient auch das Negative dem Entwicklungsweg des Menschen. Es ist somit ein wichtiger Bestandteil des Lebens, bis zu dem Zeitpunkt, an dem das innere Streben des Menschen so stark ist, dass er alle eigenen persönlichen Fehlausrichtungen verwandelt hat und die Liebe in ihm so aktiv ist, dass er keines niederen Anstoßes mehr bedarf. Auch aus dem eigenen Inneren können extrem niedere und den ganzen Menschen einnehmen wollende Strukturen auftauchen. Somit kommt das Niedere nicht nur von außen, sondern auch von innen. Das

Erlebnis des Negativen in der Außenwelt ist dann eine Reaktion des Negativen im Inneren. Es wird aktiviert und kann gewandelt werden.

Doch aus welchen Bereichen die Gedanken auch kommen, wichtig ist immer die Art der Gedanken und welche Emotionen oder Gefühle sie verursachen oder ans Licht bringen. Wenn man sich im tiefen Vertrauen befindet, dass alles, was uns täglich widerfährt, auch einen Sinn hat und unserer Entwicklung dient, kann man sich nichts Besseres antun, als es zu analysieren und bei Bedarf damit zu arbeiten.

So kann es beispielsweise geschehen, dass Sie sich eine Tasche kaufen möchten. Sie haben sich in Gedanken zuvor zurechtgelegt, dass es keine außergewöhnliche sein muss, sondern eine funktionelle und doch schöne Tasche. Auch den Preisrahmen haben Sie sich überlegt. Sie befanden sich in Ruhe, und Ihre Tagesplanung verlief bislang störungsfrei. Sie fahren dann in die Stadt, parken Ihren Wagen und gehen durch die Fußgängerzone. Es ist nun doch später geworden, als Sie dachten, und Sie möchten zügig zum Geschäft. Hektisch huschen die Menschen an Ihnen vorbei, eine Mutter schimpft lautstark mit ihrem Kind, der Mann hinter Ihnen hustet schrecklich, eine Zigeunerin bettelt mit ihrem Säugling auf dem Arm, zwei Frauen meckern lautstark über den Minirock eines jungen Mädchens und dann rempelt Sie auch noch ein junger Bursche ziemlich heftig an. Er entschuldigt sich zwar, aber der Schreck sitzt Ihnen in den Gliedern. Durch diesen Schreck ist Ihr innerer Friede endgültig dahin. Jetzt beginnen Sie, sich über den Tumult in der Stadt zu ärgern und fangen sogar an, die Menschen selbst zu verurteilen. Der liebevolle Schutzschild Ihrer Aura ist eingerissen, und nun strömen die fremden Energien in Ihr Energiefeld. Diese verleiten Sie zu weiteren Verurteilungen, und Ärger macht sich breit.

Endlich sind Sie am Taschengeschäft. Sie gehen hinein und sehen sich um. Schnell erscheint eine Verkäuferin und erkennt sogleich, dass Sie wirklich kaufen möchten. Sie zeigt Ihnen einige Exemplare und geht langsam, aber stetig zu immer teureren Taschen über. Die Vorzüge dieser Taschen werden natürlich hervorgehoben und was eine schöne Tasche doch hermacht. Hier hat die Verkäuferin genau den wunden Punkt getroffen, mit dem Sie sich bereits seit einiger Zeit auseinandersetzen – Ihr Selbstwertgefühl. Da Sie durch die Beeinflussung von außen nun nicht mehr wirklich der „Herr im Hause“ sind, greift der innere Bereich sofort zu und macht Ihnen nun vor, dass Sie jetzt wirklich die teure Tasche haben müssen. Der Druck der Verkäuferin erledigt das Übrige. Kurzerhand kaufen Sie die Tasche, doch als Sie am Abend zu Hause nochmals die Situation durchspielen, merken Sie, dass Sie manipuliert wurden. Von innen und von außen. Sie haben bereits auf dem Weg zum Geschäft Ihre Ruhe verloren, und die liebevolle Betrachtung der äußeren Welt war dahin. Dann regte sich massiv Ihre Selbstwert-Schwäche, und die Verkäuferin drückte noch zusätzlich mit ihrer Verkaufsenergie. Nach kurzem Ärger wird Ihnen dennoch klar, dass auch diese Situation zu Ihrer Reife beitragen wird, und Sie lassen die Situation, wie sie nun einmal war.

Ganz anders verhält es sich, wenn man im Inneren nach bestimmten Lösungen sucht, entweder für bestimmte eigene Lebenswege, für berufliche Lösungen oder für andere Mitglieder Ihrer Familie. Hier ist es sehr wichtig, dass man nicht mit dem Eigenwillen eine Lösung herbeizwingen will. Dies kann man gut daran erkennen, dass der Eigenwille immer mit einer Portion Emotion daherkommt. Der Eigenwille fordert, drückt, stresst und will uns voran schieben. Er möchte von anderen auch als die einzig richtige Lösung anerkannt werden und wird sogar wütend, wenn dies nicht geschieht. Er glaubt, nur seine Lösung sei richtig, und lässt keine anderen Möglichkeiten zu. Fühlt man einen derartigen Druck oder überhaupt einen Druck oder Unruhe in sich, stimmt etwas nicht.

Lösungswege, bei denen uns unser höheres Bewusstsein oder die Geistige Welt beisteht, sind immer ruhig. Sie verlaufen friedlich und haben keinen Anspruch auf alleiniges Recht. Sie lassen uns frei, und auch wenn Ihr Gegenüber nicht damit einverstanden ist, werden Sie immer fühlen, ob die Lösung richtig ist oder nicht. Doch meist fühlt auch das Gegenüber, dass dieser Weg von den höheren Ebenen inspiriert wurde.

Nicht selten werden wir auch von Forderungen aus dem eigenen Inneren zu einer Entscheidung gedrängt, die sich im Nachhinein als schlecht erweist. Doch auch das ist wichtig, damit wir eventuelle alte Erziehungsmuster oder Vorgaben aus früheren Leben erkennen können. Dann muss etwas richtig schieflaufen, da wir ansonsten nicht auf die alten Muster aufmerksam werden. Geht man dann in die Analyse, kann man schnell erkennen, dass hier etwas wirkte, was nicht mit dem geistigen Weg und der freien Entscheidung für dieses Leben zu tun hat.

Wichtig bei der bewussten Arbeit an sich selbst ist immer das liebevolle Annehmen der eigenen inneren Belastungen oder Bedürfnisse. Man kann nicht immer mit nur einer einzigen Situation vielleicht jahrhundertealte Muster in die Auflösung oder verängstigte Teilbereiche seines Wesens ins Vertrauen bringen. Hier bedarf es großer Geduld und Liebe. Nehmen Sie Ihre Charakterzüge ruhig an, auch wenn sie sich beim ersten Erkenntnisweg mit Aggression oder Verbitterung zeigen. Diese Bereiche haben vielleicht sehr viel durchlitten und erlebt und können nicht so schnell loslassen. Geben Sie sich Zeit, und bitten Sie um Hilfe und Unterstützung. Das Gebet oder die Meditation ist hier eine wunderbare Hilfe.

Sicher haben Sie schon einmal erlebt, dass Sie in einem Gespräch von Ihrem Gegenüber derart viel negatives Gedankenmaterial und Emotionen übernommen haben, dass Sie danach Stunden benötigten, um wieder Ihre Mitte zu finden. Es wurde geschimpft und gelästert, verurteilt und beurteilt. Die Unzufriedenheit über das eigene Leben floss auch mit ein, und es gab kein einziges liebes Wort. Sie selbst kamen kaum zu Wort, und wenn doch, dann wurde dies dazu benutzt, um wieder über jemanden oder etwas zu schimpfen. Egal ob der Nachbar, die Politiker oder die finanzielle Lage der Nation, alles wurde mit einer grauen Masse an Energie überzogen, unter der nichts mehr nach Licht greifen konnte.

Solche Menschen tragen in ihrer Aura sehr große Verdichtungen. Dunkle Wolken mit abstoßenden Gedankengebilden durchziehen das Energiefeld, und nicht selten sitzen in der Aura fremde Wesensaspekte oder dunkle Elementale, die sich über diesen Menschen ausleben. Hier muss man sogar vorsichtig sein, dass diese nicht kurzerhand ihren Energielieferanten verlassen und bei einem selbst eindringen wollen. Schimpft man bei solchen Menschen mit, bläst man sozusagen in das gleiche Horn, wird man schnell von starken Gedankenforderungen und Emotionen heimgesucht. Dadurch kann man natürlich auch erkennen, dass man selbst noch einen solchen „Schimpfer" in sich trägt, auch wenn er noch so klein ist, mit dem man schnellstmöglich arbeiten sollte. Solchen Menschen fehlt die Liebe im Inneren, und sie sind meist so voller Emotionen, dass sie ihren Weg nicht mehr erkennen können. Doch in vielen Fällen nützt es wenig, sie darauf hinzuweisen, da die eigenwilligen Bereiche ihnen eine solche Überheblichkeit beibringen, dass sie sich bedingungslos im Recht fühlen. Dann sind vermutlich Sie selbst der- oder diejenige, welche nicht versteht, um was es in der Welt eigentlich geht.

Wenn Sie selbst keinen „Schimpfer" oder wütenden Teilbereich Ihrer Seele mehr in sich tragen, werden Sie auch nicht mehr mit der vollen Wucht solcher Menschen behaftet. Sind Sie aber noch in der „Arbeitsphase", in der wir uns alle zurzeit befinden, ist es am besten, aus dem höheren Bewusstsein heraus mit der Situation umzugehen und einen Weg der Liebe zu beschreiten. Dann sollte man versuchen, nicht gegen den anderen vorzugehen oder ihn gar zu richten oder zu kritisieren, sondern man kann Sätze sagen wie: „Vielleicht hat der andere doch seine Gründe, warum er dies tut!" oder „Wir wissen vielleicht nicht alle Hintergründe!" oder „Die

Welt ist aus dem Ruder, aber vielleicht bietet dies ja auch eine Möglichkeit der Neuorientierung." Dann wird nicht mitkritisiert, sondern man versucht, alles Geschehen aus einer höheren Warte zu betrachten. Wenn das Gegenüber mag, kann es ja davon lernen, aber das sollte nicht das eigene Ziel sein, wichtig ist die Arbeit an sich selbst.

Alles, was der Einzelne für sich oder sein nahes Umfeld tut, bewirkt immer auch eine Umorientierung im kollektiven Feld. Dann strömt Liebe in das Feld, und eine andere Art des Umgangs mit dem Gegenüber ist möglich. Jahrhundertelang wurden diese Felder gespeist und die eigenen Emotionen damit aufgeputscht, deshalb ist es auch so schwer, diese auf einen neuen Weg zu bringen. Hinzu kommen auch immer die Ansammlungen und Verdichtungen, die sich uns als Gewohnheit zeigen. Sie können eine Hilfe sein, in der Auflösung jedoch sind sie immer eine zusätzliche Bindung. Der Selbsterhaltungstrieb in diesen Feldern ist mitunter sehr stark, und nicht selten haben die Ahnen Seelenfasern darin verloren. Man kann sein Herz (Herzfasern) nicht nur an einen anderen Menschen oder an liebgewonnene Orte verlieren, sondern auch an kollektive Felder. Je nachdem wie lange und wie intensiv man diese Verhaltensweisen wiederholt hat, umso dichter ist auch die Verbindung oder der Anteil daran.

Vielleicht sind Sie sogar in Ihrer Arbeitsstelle mit einem Menschen zusammen, der genau dieses Verhalten lebt, und Sie ärgern sich täglich über diese Situation. Nehmen Sie doch einfach an, dass Ihre Geistige Führung Ihnen vermutlich genau dadurch eine Möglichkeit verschafft, alte Anhaftungen zu lösen, um auch diesen Menschen mit der Zeit liebevoll betrachten zu können. Die Reaktion von Ärger zeigt deutlich auf, dass etwas in Ihrem Inneren berührt wird, was nicht in der Liebe schwingt, ansonsten gäbe es keinen Ärger. Hier geht es nicht um die kurzzeitigen Verärgerungen, welche uns im Alltag immer wieder einmal berühren, sondern um den tiefen, dauerhaften Ärger, der sich wie eine Grollwelle an die Oberfläche schiebt und den inneren Frieden stört. Machen Sie sich auch hier bewusst, dass die Wiederholung die Masse und die Stärke ausmacht. Werden die Gedanken des Ärgers immer wieder erneuert und wiederholt, verstärken sie sich entsprechend.

Vor allem Ärger und Zorn schieben sich immer wieder ins Tagesbewusstsein und wollen wiederholt werden. Dann kann es sein, dass Sie es vielleicht sogar schaffen, eine kurze Weile in die innere Energie und das Bemühen zu gelangen, die Situation in Liebe zu betrachten. Doch nach wenigen Minuten steht Ihnen alles wieder voll präsent im Bewusstsein, und Sie wissen sich keinen Rat mehr. Unaufhaltsam sucht sich diese Energie immer wieder den Weg in Ihre Gedanken. Sehr oft sind Erlebnisse von Schmach und Unterdrückung aus früheren Leben in Ihrem System gespeichert, und eigene Persönlichkeitsbereiche sind so voller Zorn, dass sie nicht in die Vergebung wollen. Sie suchen nach Vergeltung, wollen manchmal sogar Rache und nutzen im Grunde die jetzige Situation aus, um dies zu erreichen. Sie sind nicht bereit zu vergeben und haben nicht selten vergessen, dass Sie selbst im Leben davor genau dies ausgelebt und anderen Menschen zugefügt haben, was Sie daraufhin selbst erfahren und durchleiden mussten. Das bedeutet zumeist, in das Verzeihen zu gehen und die Vergebung der Höheren Welt zu erbitten. Man muss hier meist kräftig mit den eigenen Persönlichkeitsteilen arbeiten und kommunizieren, bis diese erkennen und in die Demut gelangen. Die Erkenntnis, dass auch diese Lebenslage dem höheren Weg dienlich ist, eröffnet dann die Lösung.

Machen Sie sich bewusst, dass genau diese Lebenslage das Passwort für die entsprechende Datei in Ihrem Inneren darstellt. Dies ist der Zugangscode, welches der inneren, bislang verborgenen Datei die Auflösung bringt, sie in Schwingung versetzt und an die Oberfläche befördert. Hier kann eine wahrhafte Veränderung und Neuausrichtung stattfinden. Die entstandenen Emotionen werden über den Solarplexus aufgenommen und mit der Christus-Kraft im Herzen aufgelöst und gewandelt. Auch hier gilt:

- Nur was Sie erkennen und annehmen, kann gelöst werden.
- Nur was Sie in das Licht der Wahrheit bringen, kann sich in das höhere Bewusstsein wandeln.

Es lässt sich nicht vermeiden, dass alle alten Speicherungen von Emotionen in einer Situation der Auflösung nochmals gefühlt werden, so wie auch alle alten abgelegten Gedanken nochmals gedacht werden müssen, bevor sie aufgelöst werden können. Deshalb kann man sich auch nicht immer auf das Bauchgefühl verlassen. Besonders in der jetzigen Zeit, in der alles Unterbewusste an die Oberfläche gelangt, können hier ansonsten Fehlinformationen auftauchen. Leider sind diese Gefühle und Gedanken eher selten lichter Natur, und die Aufarbeitung ist mühsam und oft schmerzlich, doch ist es ein wunderbarer Weg und auch die einzige Möglichkeit der Bewusstwerdung. Glücklicherweise wirkt für den Menschen auch in den Aufarbeitungen immer ein besonderer Gnadenaspekt der Geistigen Welt. Sie hilft in ungeahnter Weise mit, die alten Verdichtungen aufzulösen, und nicht selten übernimmt sie einen großen Teil dieser alten Energie. Doch wenn es noch um Erkenntnisse geht, die gemacht werden müssen, und um Einstellungen, welche den freien Willen betreffen, können diese nicht abgenommen werden. Der Mensch selbst muss es tun und entscheiden.

Auch hier wird der freie Wille des Menschen von den Lichtwesen immer akzeptiert. Wichtig ist die Unterscheidung, ob es sich um geringe eigenwillige Forderungen und Bremsmanöver kleiner Persönlichkeitsaspekte handelt, welche sich wichtig machen und als übergeordnet darstellen, oder ob es wirklich um die wahre Entscheidung der menschlichen Seele geht.

Man kann im Grunde also durchaus sagen: Die Gedanken sind frei!

Der Mensch kann selbst entscheiden, welchen Weg er wählt, und entsprechend dieser Entscheidung wird sich auch der Strom seiner Gedanken einstellen. Dahinter befindet sich zwar die Gesetzmäßigkeit der Gedankenschwingung, doch kann der Mensch durchaus die Liebe, die er sich erarbeiten will oder gegen die er sich sperrt, in seinem Leben verwirklichen. Entsprechend wird sich dann das Ergebnis zeigen.

Glücklicherweise werden zurzeit allen Menschen, welche wahrhaft streben, die notwendigen Hinweise und Möglichkeiten gegeben, welche sie für ihren Weg und ihre Befreiung aus den niederen Schwingungen benötigen. Immer, wenn emotionale Aufwallungen im Inneren stattfinden, gibt es noch etwas zu betrachten. Dann sollten wir innehalten und in Verbindung mit der Kraft der Liebe daran arbeiten.

15

Dramatische Gedankenbilder aus der Geschichte

Man mag vielleicht glauben, dass die Vergangenheit nicht mehr aktuell ist, doch das ist ganz und gar nicht so.

- Es gibt immer noch viele Gedankenbilder, die sich an den dazugehörigen Orten auf dieser Erde befinden.
- Immer noch sind emotionale Verdichtungen, welche bisher nicht aufgelöst werden konnten, überall auf der Erde zu finden.
- Teilweise befinden sich noch Seelen oder Seelenabspaltungen an den Orten, die sie aufgrund schrecklicher Erlebnisse, wie etwa Kriege, noch nicht verlassen konnten.
- An uralten Kultstätten, an denen beispielsweise Menschenopfer dargebracht worden sind oder Rituale die Seelen gebunden haben, sind häufig immer noch die armen Seelen anwesend oder auch die Geistwesen, denen die Opfer gebracht worden sind.
- Im Ätherfeld mancher Länder sind immer noch kollektive Gedankenfelder vorhanden, welche eine politische Prägung tragen oder Menschen in Knechtschaft halten wollen. Das System kann weltlich aufgehoben sein, doch wirken die Felder geistig immer noch auf die Menschen ein. Ist es noch stark genug oder wird es von Menschen neu belebt und genährt, kann es erneut Einfluss gewinnen.
- Sind in bestimmten Gegenden viele Menschen auf einmal zu Tode gekommen, etwa durch einen Vulkanausbruch, befinden

sich oft an diesen Orten im Ätherfeld noch immer sehr starke emotionale Verdichtungen und Gedankenbilder.

- Auch in bestimmten Schichten der Astralebene befinden sich manchmal ganze Welten, in denen ein schreckliches Ereignis immer und immer wiederholt wird. Es konnte noch nicht verarbeitet werden, und noch keiner der Beteiligten hatte genügend Lichtkraft, um in Harmonie mit der Geistigen Welt diese feinstofflichen Felder aufzulösen.
- Die dunkle Seite ist immer bemüht, bestehende Machtfelder zu erhalten. Auch Hitler hat versucht, das alte römische Feld der Weltmacht neu zu beleben. Er benutzte den Adler, den alten Gruß „Heil Cäsar“ und ließ den Arm von den Menschen erheben, um dadurch die Energie noch mehr zu verstärken. Er – und vor allem Himmler –, waren sich der dunklen Magie bewusst und haben diese gezielt eingesetzt.

Hat ein Mensch in einem früheren Leben aktiv am Aufbau und an der Erhaltung der dunklen Felder mitgewirkt, kann es sein, dass er in einer neuen Inkarnation wieder versucht, diese alten Felder zu aktivieren. Meist sind noch Seelenfasern von ihm innerhalb eines solchen Feldes vorhanden, und er sucht im Grunde nach sich selbst.

Hat er jedoch in seiner Seele den Lichtweg gewählt, wird er zwar Kontakt mit dem Feld suchen, um dann seine Teile zurücknehmen zu können, doch geschieht dies im Zuge der inneren Aufarbeitung. Ist er auf dem Weg der Erkenntnis, wird er vermutlich mithelfen, das alte Feld aufzulösen. Dann ist es manchmal gar nicht zu verstehen, warum jemand bestimmte Dinge tut oder sich, aus äußerer Sicht gesehen, einfangen lässt von irgendeiner Sekte. Diese Menschen können gar nicht anders, da der Sog ihres Inneren ihnen keine Möglichkeit lässt und es auch keinen anderen Weg gibt, um an die alten Verstrickungen heranzukommen.

Haben Sie schon einmal ein Konzentrationslager besucht? Konnten Sie den alten Schmerz und das unsägliche Leid fühlen, welches dort noch gespeichert ist. Grauen und tiefer Schmerz befinden sich noch in den Äther- und Astralschichten an diesen Orten. Es wurde bereits sehr viel Vergebungsarbeit geleistet, doch dieser Horror ist immer noch vorhanden.

Sind Sie einmal über ein altes Schlachtfeld gegangen, auf welchem eine große Kriegsschlacht mit vielen Toten stattgefunden hat? Auch hier kann man noch Seelen erleben, welche sich bisher nicht lösen konnten und das Grauen immer wieder erleben. Auch Abspaltungen von Seelen hängen noch an diesen Plätzen fest und können das Geschehen nicht überwinden. Die Zeit scheint hier keine Rolle zu spielen, ausschließlich der emotionale Zustand bewirkt das Gebundensein.

Es gibt an einigen Orten dieser Erde auch noch Ausgrabungsstätten, auf denen sich deutlich die Präsenz einer unbekannten Energie wahrnehmen lässt. Hier hat eine uns unbekannte Kultur gelebt, die noch nicht im Erkenntnisspeicher der Menschheit vorhanden ist. Vielleicht ist sie aus unerklärlichen Gründen untergegangen, oder ihre Begründer haben die Erde wieder verlassen. Nichts von ihrem Gedankengut ist überliefert worden. Wenn Sie eine derart fremde Energie empfangen, wird diese Wahrnehmung immer zuerst über Ihr Gefühl erfasst werden. Erst wenn Sie dieses Gefühl definieren möchten, werden die Gedankenkräfte aktiviert. Auch dies ist ein Zeichen, dass sich die Wahrheit über das Gefühl erfahren und erleben lässt und die Erkenntnis, das Bewusstsein, über die Gedanken. Wird beides vollendet und erhöht, geht es in eine neue Existenz über, und der Mensch gelangt zum wahren Sein.

Bleiben wir bei den alten Geschichtsfeldern. Immer wieder muss von wissenschaftlicher Seite zugegeben werden, dass die Geschichtsforschung in vielen Bereichen nur spekulieren kann. Sehr oft werden Thesen aufgestellt, die sich mit der Zeit zwar als „Wahrheit“ festsetzen, jedoch weit entfernt vom wirklichen Geschehen sind. Nicht selten werden diese Thesen kompromisslos vertreten, und eine Änderung wird nicht geduldet. Manche Wissenschaftler oder Historiker halten so an ihren Thesen fest, dass sie sich völlig mit ihnen identifizieren. Rüttelt man dann an ihrer These, rüttelt man auch an ihnen, und das wollen sie in keiner Weise dulden. Verhärtete Gedankengebilde werden von ihnen gespeist, und Wachstum oder Veränderung ist nicht möglich. Auch können sich derartige Gedankengebilde so stark im kollektiven Feld festsetzen, dass dieses selbst für ihren Erhalt kämpft.

Eine interessante Art, die Geschichte ins Bewusstsein der Masse zu bringen und gegebenenfalls zu verarbeiten, findet sich in der Film-Industrie. Die Filmemacher haben oftmals ein ganz besonderes Gespür, unverarbeitete Themen oder archaische Strukturen aus der Geschichte ins Leben zu rufen. Nehmen wir die römische Weltmacht oder die griechische Geschichte, beides übt einen besonderen Reiz auf das Publikum aus und dient auch zur Verarbeitung im Inneren der Menschen, in denen oftmals noch Abspeicherungen lagern oder verbliebene Bedürfnisse nach der alten Macht. Auch der Zweite Weltkrieg wird sehr oft als Grundlage von Filmen genutzt. Dadurch kann einerseits die weitere Aufarbeitung dieses Horrors stattfinden, aber gleichzeitig gibt es auch Bestrebungen, das schlechte Gewissen eines Volkes aufrechtzuerhalten, damit man einen bestimmten Einfluss nicht verliert.

Würden sich viele Menschen zusammenfinden und sich im Gebet und in der Bitte um Auflösung und Vergebung an die Geistige Welt wenden, könnte hier in vielen Bereichen eine baldige Verarbeitung stattfinden. Die gebundenen Seelen könnten erlöst und die Speicherungen gelöscht werden. Die astralen Aufbauten und Verdichtungen würden sich ebenfalls auflösen und die entstandenen Emotionen und Gefühle könnten verwandelt werden. Doch leider sind sich die meisten Menschen dieser Kraft nicht bewusst. Damit etwas wahr werden kann, muss es erkannt werden, es muss im Bewusstsein der Menschen vorhanden sein, ansonsten kann es sich nicht verwirklichen. Diese Information hat sich leider im kollektiven Gedächtnis noch nicht ansatzweise festgesetzt.

Doch es sind nicht nur negative oder alte schmerzhafte Kräfte wirksam. An vielen Orten dieser Erde sind auch sehr heilsame Energieströme vorhanden, an sogenannten „Kraftorten“ in der Natur oder an alten Kultstätten. Es gibt Plätze auf dieser Erde, an denen man deutlich die Präsenz einer höheren Energie wahrnehmen kann. Dies sind mitunter auch Zugangstore in feinere Bereiche der Existenz oder auch Orte, an denen höhere Wesen durch eine Art Zeremonie das Schwingungsfeld der Erde erhöhen konnten. Hier kann man noch einen Hauch der hohen Gefühle wahrnehmen und im Inneren davon berührt werden. Wurden Kirchen und Kathedralen von den Gründern in wahrer Demut erbaut und sind diese Bauwerke in der Folge von vielen Menschen mit wahrem Glauben besucht worden, befindet sich auch dort eine starke positive und andächtige Energie, welche jedem Besucher mithelfen kann, selbst seine Schwingung zu erhöhen und die Nähe der Geistigen Welt zu fühlen.

16

Gedankenprägungen aus Familienstrukturen

Bei diesem Bereich ist es wichtig, nicht nur die Aspekte zu erkennen und zu beleuchten, welche einem als anstrengende Aufgabe oder Lernweg mitgegeben wurden, sondern auch die positiven Impulse, welche man über das genetische Material und über die Familienfelder erhalten hat.

Die positiven Impulse sollen hier nicht detailliert behandelt werden, sondern wir wenden uns hauptsächlich den Aspekten zu, mit denen man arbeiten sollte oder die man aufzulösen hat. Dennoch wäre es angebracht, den Ahnen und den früheren Familienmitgliedern, welche sich für das Gute eingesetzt und so manches alte Feld bereits aufgelöst haben, seine Dankbarkeit auszusprechen. Es war die Aufgabe der jeweiligen Generation, bestimmte Ablösungen oder Energiebahnen abzubauen oder zu öffnen. Die Kriegsgeneration hat mit großer Kraft diese schwere Bürde überwunden und belastende Energien gewandelt. Hätte diese Generation die alten Felder nicht abgetragen, könnten wir uns heute nicht mit der weiteren Öffnung und Bewusstwerdung der Einzelpersönlichkeiten befassen. Wir wären noch mehr gebunden und können ihnen deshalb dankbar sein. Jede neue Generation erhält mehr Möglichkeiten und kann sich geistig tiefer öffnen. Es ist ein Geschenk, dass wir das Bewusstsein in dieser Weise erweitern können, was ohne die Mühen der Ahnen wohl nicht möglich gewesen wäre.

Wenn man die einzelnen Familien betrachtet, kann man immer

gewisse Merkmale erkennen, auf welche die Familie besonderen Wert legt. Die Oma beherrscht etwa immer noch mit harter Hand die Familie, so wie sie es schon immer getan hat. Eng verknüpft mit alten kirchlichen Moralvorstellungen, versucht sie, die Familie zu dirigieren. Bei den Enkeln klappt das kaum noch, obwohl sie großen Respekt vor der Oma haben, doch ihre Tochter und den Schwiegersohn hat sie fest im Griff. Diese fühlen in ihrem Inneren, dass die Familie es ohne diese Kraft und Härte nicht durch die schweren Zeiten geschafft hätte. Jetzt kann sich die Oma aber nicht mehr verändern – und sie will es auch nicht. Manchmal werden an die Kinder alte Feindbilder weitergegeben sowie Wertungen und Verurteilungen bestimmter Menschengruppen. Diese sitzen tief im Energiefeld und wirken auf den Menschen ein. Dann werden diese Menschen abgewertet, obwohl man die Informationen gar nicht selbst durchdrungen hat. So wirkt eine Antipathie gegen die Nachbarfamilie im persönlichen Energiefeld, aber tatsächlich weiß man gar nicht warum. Deshalb ist es immer wichtig, sich selbst zu beobachten.

Jeder Gedanke erschafft nach mehrmaligem Denken und Integrieren von Emotionen ein Feld, welches sich erhalten und ausleben möchte. Man kann sich vorstellen, wie viele erschaffene Felder im Laufe eines Lebens zusammenkommen können. Nehmen wir dann eine große Familie, erhöht sich die Zahl der Felder entsprechend. Da es aber in früheren Zeiten im Alltag der Menschen nicht so viele verschiedene Möglichkeiten des Lebens, keine freie Berufsauswahl, uneingeschränktes Reisen oder allgemeine Informationen über die Welt gab, beschränkten sich die Felder, und es wurden statt dessen wenige, aber dafür kräftige Gedankenformationen erschaffen.

Auch kann man sich bewusst machen, dass nicht nur das Internet alle Menschen dieser Erde verbindet und Kontakte aufbaut, sondern auch alle ähnlich strukturierten Energieschwingungen nach ihresgleichen suchen. Dann kann es sein, dass man in einem

Verwandtschaftstreffen beispielsweise eine große Menge an Energie des Familiengeizes wieder aufgenommen hat, obwohl man persönlich bereits gut damit gearbeitet und das Geben und wahre Liebe erlernt hatte. Die Gruppendynamik, die Verstärkung der Gemeinschaftsenergie, hat die noch bestehenden Reste wieder aufgeladen und den Betreffenden heftig in die alte familiäre Schwingung gerückt.

In manchen Familien sind einzelne Mitglieder über die Blutlinie an eine starke Streitsucht angeschlossen. Es ist ein energetisches Gedankenfeld voller negativer Emotionen, erschaffen von einigen Ahnen. In derartigen Feldern sind immer Seelenabspaltungen der Erschaffer enthalten und nicht selten im weiteren Verlauf noch von anderen Familienmitgliedern, je nachdem wie stark sie das Feld ausgelebt und damit Karma erschaffen haben. Diese Felder versuchen immer, in die nächsten Generationen zu gelangen und dort weiter ihre negativen „Einflüsterungen“ auszuleben. Dann kann es sein, dass man beim Familientreffen zwar noch recht fröhlich und liebevoll ankommt, doch nach einiger Zeit schleichen sich die alten Streitsucht-Energien in die Emotionen und Gespräche ein. Einige der Familienmitglieder leben diese Felder auch noch kräftig aus, und man merkt immer mehr, dass sich die Atmosphäre verschlechtert und man sich ständig unwohler fühlt. Meist befindet man sich ja selbst in Aufarbeitungen und steht den einströmenden Feldern nicht immer bewusst und klar gegenüber. Dann haben sie leichtes Spiel, und ehe man es sich versieht, ärgert man sich maßlos über den Starrsinn des Opas, über die altmodischen Einstellungen der Tante oder über den aufgedonnerten Stil der Cousine. Gelingt es dem alten Feld dann, tatsächlich Streit zwischen zwei Menschen zu entfachen, hat es sein Ziel erreicht. Es ist wieder genährt und hat neue Energie aufgeladen.

Oft ist die Ursache von Streit und Missgunst ein Gedanken- und Emotionsfeld, welches von außen auf die Menschen einwirkt. Sie haben über das Blut oder über bestimmte Situationen zwar damit zu tun, haben die negative Aufladung mit dem entsprechenden Entladungsdruck jedoch nicht selbst aufgebaut. Dann kann es sein, dass ein Paar, welches sich erst vor einiger Zeit in Liebe gefunden hat, dennoch heftig streitet, weil einer der Expartner oder eine Expartnerin in solcher Wucht negative Energie produziert, diese konkret auf die Personen schleudert und sie als Zielscheibe für die angestaute Wut benutzt, dass sich diese in massiver Bedrängnis befinden. Man kann meist nur schwer sofort die Ursprünge einer Wahrnehmung oder die plötzlich auftauchenden Gefühle von Wut und Ablehnung, die man in sich fühlt, definieren. Meist hat man selbst noch Zweifel oder hat sich auch über den Expartner geärgert, und dann haben diese Energien leichtes Spiel, einzudringen und ihre böse Saat zu verwirklichen. Das ganze Geschehen erkennt man erst dann, wenn der Streit sich entladen hat, man wieder zu seinen wahren Gefühlen findet und bemerkt: „Oh je, das wollte ich gar nicht. Warum war ich nur so unfair und hart?“

Immer wieder gab es in der Geschichte die Situation, dass ein Familienclan mit einem benachbarten, welcher etwa einen anderen Glauben vertreten hatte als er selbst, ein tiefer Hass verband. Hier wird deutlich, was sich auch hinter Feindschaft und Hass verbirgt – eine tiefe energetische Verbindung. Die Eltern gaben die Abneigung gegen den anderen Glauben und den Hass an die Kinder weiter. Diese wurden in diesem Sinne erzogen und wussten manchmal gar nicht, wo genau der Beginn dieser Feindschaft lag. So entstanden gewaltige Feindbilder, welche sich zu erhalten trachteten. Nicht selten verbanden sie sich mit kollektiven Feindbildern, und es entstand so eine schwer zu überwindende Kluft zwischen den Menschen. Glücklicherweise beginnen die Beteiligten immer mehr, die alten Prägungen zu hinterfragen und allmählich zu bemerken, dass auch Menschen, deren Tun wir vielleicht gar nicht verstehen, dennoch liebenswert und achtenswert sind und es niemandem zusteht, einen anderen Menschen zu verurteilen oder mit negativer Energie herabzusetzen.

Auch bestimmten Machthabern kam es nicht selten sehr gelegen, wenn die Menschen einen „Feind" hatten, gegen den sich die negative Energie der Masse richten und auf die man Schuld und Hass übertragen konnte. Das Feindbild wurde von der Staatsführung auch gepflegt, um die Wahrnehmung der Menschen zu verschleiern und die eigenen machtbesessenen Vorgehensweisen zu verbergen.

Wenn man sich selbst genau beobachtet, tauchen im eigenen Denken nicht selten Prägungen auf, deren Hintergrund man im Grunde überhaupt nicht erfasst. Man drückt sie aus, lebt sie und hat nicht wirklich ihren Sinn durchdrungen. In diesen Fällen kann man davon ausgehen, dass man ein Gedankenfeld auslebt, ernährt und ausdrückt, welches von außen einwirkt, meist von einer Erziehung und Umwelt beeinflusst, die sich von diesen Energien erhalten möchte.

So wirkt Arroganz wie eine ansteckende Krankheit, und in dieser Art erschaffene Felder senden eine starke Energie aus. Werden die Kinder einer wohlhabenden Familie beispielsweise in der Art erzogen, dass Menschen, welche nicht viel Geld verdienen, nicht so gut gekleidet sind oder ein kleines Auto fahren, als minderwertig zu betrachten sind, wird diese Art zu denken so lange übernommen, bis der junge Mensch selber erkennt, dass er einer arroganten Fehlprägung aufsitzt. Derartige Felder sind extrem lieblos, und meistens werden auch solche Seelen in diese Familien hineingeboren, welche diese Charakterschwäche in sich tragen, es sich aber zur Aufgabe gemacht haben, diesen Missstand in diesem Leben zu überwinden. Dann ist es wichtig, dass man den Rest der Familie nicht verurteilt, sondern sich den Umstand bewusst macht, dass man vielleicht gerade deshalb bei diesen Menschen ist, um sich selbst zu verändern und der ganzen Familie durch die eigene liebevolle Art zu denken eine Erneuerung und Veränderung ihres Gedankenfeldes ermöglicht.

Eine Mutter, welche in ihrem Leben nur Unterdrückung und Schuldzuweisung erfahren hat, kann ihrer Tochter selten eine Erziehung geben, in der das Mädchen frei von den vorhandenen Zwängen aufwachsen kann. Oder eine Mutter möchte am liebsten ihren Ehemann verlassen und schämt sich deswegen den Kindern gegenüber. Unterdrückt sie diese Emotion, potenziert sie sich in ihrem Unterbewusstsein und wird noch stärker auf die Kinder übergreifen. Dann erleben die Kinder eine undefinierbare Schuld und glauben nicht selten, dass dies die normalen Gefühle der Welt sind und der Wahrheit entsprechen. Viele Kinder nehmen die Gefühlswelt der Eltern als Realität an und glauben, dass man das Leben mit diesen Gefühlen zu verbringen hat. Die Gedankenfelder tun ihr Übriges, um die Kinder dann in dieser Gefühlswelt zu belassen, damit sie gespeist wird.

In manchen Familien haben sich über viele Generationen sehr belastende Felder angesammelt. Nehmen wir den Bereich des „Erbens“. Ist in einer Familie einmal etwas Schlimmes vorgefallen, hat beispielsweise ein Familienmitglied ein anderes umgebracht, um an das Erbe heranzukommen, kann sich diese Tat tief in das Familien-Karma-Feld einprägen. Wurde dies bemerkt und die Familie mit einem Fluch belegt, dauerte es oft viele Generationen, um diese alte Last abzutragen. Es kann aber auch sein, dass innerhalb einer Familie viele Mitglieder sehr geldgierig und habsüchtig waren und sich dadurch ein großes Energiefeld aufgebaut hat. Meist verlieren solche Menschen in diesen Gedanken- und Emotionsfeldern persönliche Seelenfasern, welche dann das Feld am Leben erhalten und stets zu erneuern trachten. Dann wirkt das Feld mit seiner Gier und seiner Habsucht auf alle die Familienmitglieder ein, welche diese Wesenszüge noch in sich tragen. Es kann sein, dass Einzelne eigentlich gar nicht mehr so handeln wollen, aber das Feld ist über die Blutlinie so stark, dass sie sich kaum erwehren können.

Auch Gedankenfelder mit Prägungen des Urteilens oder Wertens können sehr stark sein. Dann kann man oft erkennen, dass innerhalb dieser Familien immer über jemanden gerichtet wird. Immer gibt es jemanden, der schlecht gemacht wird, und manchmal sogar eigene Familienmitglieder. Über die Familienenergie wirkt ein so starkes Feld, dass sich dies wie ein übergroßer Druck anfühlt, der sich immer wieder ausleben muss. Manchmal ist es eine bestimmte Person, die diesem Gedankenwesen dienlich ist, und die anderen sind mitunter froh, wenn diese jemanden gefunden hat, über den sie schimpfen kann, und sie sind es nicht selbst. Sie spüren den unbändigen Hass dahinter und empfinden manchmal regelrecht Angst. Sie wollen nicht die Person sein, über welche diese Energie herzieht. Stirbt dann dieses Familienmitglied, muss sich die Gedankenform dahinter einen neuen „Wirt“ suchen.

Manche Mütter tragen eine schwere energetische Last mit sich herum. Sie sind schwanger geworden und wurden zur Heirat gezwungen oder haben sich selbst dazu verurteilt, obwohl sie den Mann gar nicht liebten. Dann sammelt sich ein starkes Emotionsfeld von Abwehr und innerem Frust an. Nicht selten wirkt dies unbewusst auf die Kinder ein, obwohl diese von der Mutter sehr geliebt werden. Die Kinder spüren die unbewusste Schuldzuweisung der Mutter.

Oder ein Vater trägt immer noch die alte Vorstellung in seinem Inneren, dass die Frauen besser hinter dem Herd zu stehen haben als durch einen eigenen Beruf unabhängig zu werden und das Leben selbst in die Hand zu nehmen. Bei der eigenen Frau kann er diesen Zwang noch ausüben, doch bei der Tochter gelingt ihm dies nicht mehr. Sie hat durch Schule und Umwelt gelernt, dass Frauen „kein erbsengroßes Gehirn“ haben, wie man das im Mittelalter lange angenommen hat, sondern jede menschliche Intelligenz immer vom Einzelwesen abhängig ist. Dennoch geht es ihr nicht gut, als sie sich zum Studium anmeldet, und sie kann den Grund nicht verstehen. Sie fühlt eine tiefe Schuld und hat das Gefühl, einen großen Fehler zu machen und die Eltern zu kränken. Hier zeigt sich ein prägender Umstand und eine entscheidende Möglichkeit, um von einem alten Feld freizukommen. Das erscheint zwar zuerst einmal als unangenehm, ist aber notwendig, damit man erkennen kann, dass hier irgendetwas nicht stimmt. Man sollte sich grundsätzlich bewusst machen, dass Belastungen und Bindungen nur dann ins Bewusstsein gelangen können, wenn man sie wahrnimmt. Die alten Gedankenfelder wollen sich immer ausleben und üben Druck auf die Menschen aus. Mittels Erkenntnis und Annahme, meist durch das Fühlen unangenehmer Emotionen, rücken sie dann in die Wahrnehmung und können bearbeitet werden.

- Was nicht angenommen und erkannt wird, kann nicht in das Licht der höheren Liebe gewandelt werden.
- Es ist das Bewusstsein, welches die Felder und alles Sein durchdringt und den Menschen befreien kann.
- Jesus lehrte: „Und die Wahrheit macht dich frei!"

Dies ist einer der wichtigsten Bereiche in der menschlichen Entwicklung. Nur über die Erkenntnis können die höheren Energien einwirken, und die Belastung wird aus den niederen Bereichen herausgehoben. Dann wird das Unterbewusstsein nicht mehr über das Einwirken der Dunkelkräfte in seiner Existenz gehalten, sondern es kann sich im Lichte der Wahrheit lösen, kann angehoben und verwandelt werden.

17

Selbstverantwortung statt Karma-Ausrede

Um das Karma-Gesetz genauer zu betrachten, wollen wir hier den Mythos vom „Fall der Engel“ heranziehen.

Um den aus der göttlichen Ordnung gefallenen Engeln eine Möglichkeit zu geben, ins Licht zurückzukehren, wurden Ebenen erschaffen, welche als *niedere astrale Welten* bezeichnet werden können. Hier wurden die Wesen aufgefangen, welche sich aus dem Licht der Göttlichen Welt entfernt hatten. Sie stürzten fortan nicht mehr tiefer, sondern konnten von hier aus, wenn es ihr Wunsch war, wieder den Heimweg in ihre göttliche Heimat antreten. Zuvor erlebten sie in diesen Welten alles Grauen der Gottferne, alle Lieblosigkeit und den Energiemangel, welchen sie sich selbst zuzuschreiben hatten. Viele erkannten, dass dieser Weg nicht ihrem wahren Wesen entsprach, und sie erhielten nach langer Zeit der Erkenntnis eine Möglichkeit des Rückweges.

Hierfür wurde die „Erkenntniswelt Erde“ erschaffen, auf welcher sie die Auswirkungen von Hass und Gottferne direkt erleben und auch sich selbst erkennen konnten, um an ihre niederen Wesenszüge herangeführt zu werden. Doch einige von ihnen waren voller Hass und Zorn und hatten vergessen, dass sie selbst es waren, welche die Göttliche Liebe verlassen hatten. Es war nicht Gott, der sie verstieß, es war ihr eigener freier Wille. Doch sie verurteilten das Göttliche und forderten Genugtuung. Erbarmungslos lebten sie ihre negativen Gefühle aus, im Glauben, dass dies durchaus gerechtfertigt sei, und gaben die Schuld weiter. Angst und Zorn waren stets ihre Begleiter. Nachdem sie für diese niederen Taten dann auch noch vom Karma-Gesetz zur Rechenschaft gezogen wurden, gerieten sie weiter in tiefste Ablehnung und fühlten sich falsch behandelt und von Gott gehasst.

Diese Fehlinterpretation der Wahrheit und die tiefste Gottferne und Lieblosigkeit formte ein so dichtes Energiefeld, dass dies heute noch in die Aura des Menschen einwirkt. Diese Einflussnahme erfolgt über das Unterbewusstsein. Sobald der Mensch die Schuld von irgendetwas, das ihm widerfährt, an andere abgibt, versucht dieses alte Feld Zugriff zu nehmen und den Menschen weiter in dieser Schwingung zu halten. Dann kann er mit den meisten seiner Wesensteile bereits in der Liebe schwingen, dennoch wirkt das alte Feld über einen unterbewussten, abgedrängten Teil seiner Persönlichkeit weiter ein.

Sobald Schuldübertragungen stattfinden und somit die Energie auf einen anderen Menschen übergeht, kann derjenige nicht mehr damit umgehen. Er hat die Möglichkeit der Durchlichtung abgegeben und kann sie nicht mehr selbst erreichen. Das bindet ihn weiter in der irdischen Ebene, was die alten Felder und die dunklen Geister mit dämonischer Freude erfüllt. Auch lädt er sich damit Karma auf, wenn er einen anderen Menschen behindert, indem er ihn überlagert und dieser somit eine Erschwernis für sein Leben erfährt. Negative Energie belastet seine Aura, und eventuelle Folgen müssen vom „Schuldüberträger“ als neues Karma wieder übernommen werden.

Ein wichtiger Aspekt in dieser Betrachtung ist auch die Energie der Ablehnung und die Kraft des Widerstandes gegen das Beschreiten eines höheren Weges. Verharrt ein Mensch über einen längeren Zeitraum auf Ablehnung dem Leben oder seinen Verarbeitungen gegenüber, sammelt sich ein großes Kraftfeld von eigenwilliger Negativität, von Widerstand und in der Folge von großer Unzufriedenheit. Dieses persönliche Feld wiederum koppelt sich mit den kollektiven Feldern und wird von diesen angeregt, ständig weiter abzulehnen und keinesfalls in eine liebevolle Betrachtung zu gelangen. Der Eigenwille wird aktiviert und das falsche Recht eingefordert, sich gegen alles stellen zu können, was einem missfällt oder den eigenwilligen Zielen zuwider ist. Nicht selten werden die eigenen negativen Gefühle auf eventuelle Verursacher übertragen und intensive Projektionen erschaffen.

Hier ist es wichtig, sich bewusst zu machen, dass der Mensch, der einem „Schlechtes" tut, sich damit ja bereits Karma auflädt. Er ist vielleicht etwas später in das „Rad der Wiedergeburt" eingestiegen und muss noch seine Erfahrungen mit der dunklen Seite machen. Oder er hat die „Aufgabe" übernommen, um selbst seine alte Schulden abzubauen. Egal vor welchem Hintergrund oder aus welchen Beweggründen gehandelt wurde, es steht uns gar nicht zu, diese zu bewerten. Wichtig ist die Botschaft oder die Aufarbeitung, welcher dieser Mensch uns damit ermöglicht.

Es ist gar nicht so leicht, alles Geschehen in diesem Sinne zu betrachten und stets die Wachsamkeit zu entwickeln, dass alle Erlebnisse notwendig und wichtig sind, damit wir unsere Erfahrungen sammeln und unsere Entwicklung voranbringen können.

Dies führt uns zur nächsten wichtigen Thematik. Es gibt Vorstellungen, welche die Erfahrung aller Schmerzen und aller schweren Erlebnisse stets auf die Aufarbeitung von Karma zurückführt. Somit hat der Mensch alle Schmerzen und alle Negativität selbst verschuldet, und es geschieht ihm gerade recht. Ja, es ist sogar notwendig, und man braucht ihm auch keine Unterstützung zukommen zu lassen, da er ja sonst sein Karma nicht richtig abtragen kann. Doch das ist eine extrem lieblose Betrachtung und grenzt mitunter schon an Menschenverachtung.

Selbstverständlich ist eine Aufarbeitung wichtig und notwendig, und sie kann manchmal nur mit Schmerzen gelöscht und bewältigt werden, doch erlebt man in der Geistigen Welt, dass jedem Menschen, sobald er wahrhaft in die Demut gelangt und aufrichtig um Hilfe bittet, diese sofort gewährt wird. Mit großer Kraft helfen die Engel und Lichtwesen mit, damit die Energien aufgearbeitet und die schmerzliche Situation bald gelöst ist. Es ist ein göttlicher Gnadenaspekt, welcher sofort zum Einsatz kommt, wenn der Mensch wahrhaft den Lichtweg gewählt hat und tiefe Demut und wahre Nächstenliebe sein Inneres erfüllt. Was die Engel nicht aufnehmen und löschen können, sind die Emotionen und Gedankengebilde, welche in den alten Situationen erschaffen wurden. Diese müssen vom Verursacher selbst über den Solarplexus zurückgenommen und umgewandelt werden, damit sie als neutrale Energie wieder zur Verfügung stehen. Man kann sich vorstellen, dass die Ur-Kraft als Dunkelenergie benutzt wurde und diese Ur-Energie wieder gewandelt werden muss. Diese ist persönlicher Natur und kann nur von der Seele selbst in die Ordnung zurückgeführt werden.

In der jetzigen Wandlungs- und Aufarbeitungsphase werden den Menschen alle alten Belastungen und ungelösten Situationen zur Aufarbeitung in den Weg gelegt. Das ist sehr anstrengend, doch ist dies eine wichtige Möglichkeit der Klärung. Natürlich ist der Mensch für viele seiner Erfahrungen und energetischen Auflösungen ursächlich selbst verantwortlich, doch im Bemühen um den höheren Weg und mit der Bitte um Hilfe und Wandlung sollte keine Verurteilung stattfinden, sondern Nächstenliebe und nach Möglichkeit energetische Unterstützung. Natürlich sind auch Menschen auf dieser Erde, welche hauptsächlich zur Auflösung kollektiver Felder und alter Belastungen der Erde dienen. Diesen dürfen wir großen Respekt zollen, doch wollen wir auf diesen Bereich nicht weiter eingehen. Auch sie leiden, und es ist nicht immer leicht, den Hintergrund zu erkennen. Deshalb sollte keine Verurteilung eines leidenden Menschen stattfinden, denn wir können die Hintergründe zumeist nicht wissen.

Erleben Sie selbst zurzeit, wie sich eine schwierige Situation in Ihrem Leben an die nächste reiht? Empfinden Sie sich mit Ihrem Kräftehaushalt manchmal am Ende Ihrer Belastbarkeit? Schlafen Sie unruhig und haben Träume, die Sie verwirren? Sie wachen am Morgen auf und spüren, dass Ihr Gefühlshaushalt auf dem Kopf steht?

Dann können Sie sicher sein, dass in Ihrem Inneren alte Verarbeitungen stattfinden. Es geschieht zurzeit oft, dass manche energetischen und karmischen Altlasten gar nicht mehr über das bewusste Erleben abgetragen werden müssen, da der Hintergrund bereits gelernt wurde, doch befinden sich in den hinteren Aura-Schichten immer noch Restbestände, welche gelöst werden müssen. Da diese mit Gedankenbildern und Emotionen behaftet sind, müssen diese über Ihr System abgetragen werden. Das ist befreiend, aber auch sehr anstrengend.

Auch kann es geschehen, dass die Geistige Welt eine Astralebene auflöst und klärt, in der sich Seelenfasern Ihrer Seele befunden haben, welche nun zu Ihnen zurückkehren können. Diese sind teilweise mit den unterschiedlichsten Emotionen behaftet, und diese Persönlichkeitsanteile sind auch noch nicht auf dem gleichen Niveau wie der Rest Ihres Wesens. Dann wird man plötzlich von seltsam „niederen" Aspekten heimgesucht und kann es gar nicht verstehen. Oder man empfindet Bedürfnisse, die man längst überwunden glaubte. Manchmal erwachen wieder Begierden nach Fleisch oder eine verstärkte Lust nach körperlicher Liebe. Vielleicht sucht etwas in Ihnen plötzlich wieder nach Energie durch Lob von außen, oder Sie fangen an zu schimpfen oder verstärkt zu werten. Bleiben Sie dann ganz ruhig, und betrachten Sie diese inneren Botschaften mit Liebe und dem Wissen, dass sich hier vermutlich ein eigener Seelenteil Ihrem Niveau anpassen muss. Vielleicht geben Sie ihm erst einmal, was er wünscht, falls dies möglich ist, um ihm dann zu erklären, um was es wirklich auf dieser Erde geht. Gehen Sie in innere Zwiesprache und nehmen Sie diesen Wesenszug liebevoll an.

Werden bislang abgespaltene Persönlichkeitsanteile weiter unterdrückt, werden sie nur wieder in den Schatten des Unterbewusstseins gedrängt und können von den niederen astralen Welten beeinflusst werden. Dann ist eine wahre Aufarbeitung nicht möglich. Vielleicht muss ein neu integrierter Seelenteil sogar ein Erlebnis durchlaufen, welches sie als ganze Persönlichkeit ebenfalls mit durchleiden müssen. Dann hilft nur die ruhige Annahme und das Wissen, dass nichts ohne Grund geschieht und die Geistige Führung immer an unserer Seite ist. Sie hilft uns in allen Lebenslagen, und wir dürfen uns ihrer Hilfe immer gewiss sein. Versuchen Sie unbedingt, dass die Energie von Frust oder gar Selbstaufgabe nicht Ihr System übernimmt, sondern Sie sich immer Ihres Weges bewusst bleiben.

Machen Sie sich klar, dass alle ablaufenden Ereignisse dazu dienen, Ihr System zu klären, noch unausgerichtete Seelenfasern in die Liebe und ungeordnete Seelenbereiche in die Göttliche Ordnung zu bringen. Seien Sie kraftvoll dazu bereit und lassen Sie sich nicht anstecken von der allgemeinen Kritiksucht oder der Ablehnung von allen schwierigen Situationen sowie der Verurteilung der Mitmenschen.

Es sind in letzter Zeit vermehrt bestimmte Gemeinschaften aufgetaucht, welche sich selbst bereits im vollen Lichte wähnen. Sie glauben, alles Karma bereits vollständig aufgelöst zu haben und nun ein großer Träger des Göttlichen Lichtes zu sein. Verachtend wird auf die Menschen geblickt, welche sich noch in großen Prozessen befinden, und die existierende Negativität wird als nieder und für sie selbst als längst überwunden angesehen. Den Menschen wird mitgeteilt, dass sie, wenn sie sich ihrer Gemeinschaft anschließen, in jedem Fall auch auf diese geistige Ebene gelangen und somit über den anderen Menschen stehen und zu den Auserwählten gehören. Sie dürfen sich auch keiner anderen Gruppe zuwenden, da sie sonst den Anspruch für den Lichtweg verlieren würden. Hier macht sich Hochmut und Menschenverachtung breit, und dunkle Wesen laben sich an solchen Einstellungen. Es ist eine Taktik der dunklen Seite, den Menschen vorzugaukeln, sie müssten nichts mehr tun für ihre Entwicklung und hätten bereits alles erreicht. Nicht selten stecken hier Wesenheiten dahinter, die zu früheren Zeiten als Götter verehrt wurden, über längere Zeit nicht mehr auf die Erdenwelt einwirken konnten und jetzt wieder, durch das Dünnerwerden der Astralwand und die Auflösung verschiedener Dunkelwelten, auf die Menschen einwirken und ihren Tribut fordern können.

Menschen, welche sich als so gut und durchlichtet verkaufen, wenden meist eine gewaltige Menge an Energie auf, um die eigenen negativen Aspekte im Zaum zu halten. Massiv werden sie in den Hintergrund gedrängt, und der Schatten wächst und wächst. Doch irgendwann bricht auch der Schatten sich wieder Bahn, und solche Menschen werden zu Handlungen gedrängt, die das Umfeld völlig verwirren. In der momentanen energetischen Aufarbeitungsphase wird es von der Geistigen Welt nicht mehr zugelassen, dass sich die alten Aufbauten stauen, und auch Menschen, welche Meister im Verdrängen ihres wahren Wesens sind, werden zur Wahrheit gezwungen. Dann kommt das wahre Innere ans Licht, und die Täuschung hat für die Außenwelt ein Ende. Diese Wesen müssen ihr wahres Gesicht zeigen.

Ein Mensch, der wirklich durchlichtet ist, wird diesen Umstand kaum lauthals verkünden. Er wird voller Liebe und Mitgefühl an den Leiden der Menschen Anteil nehmen. Er kann es ihnen zwar nicht abnehmen, aber er wird ihnen helfen, um die Ereignisse im rechten Licht betrachten zu können.

Es ist sehr wichtig, die Menschen, welche sich als Geistige Lehrer bezeichnen, immer genau zu betrachten. Es geht im Grunde um die Aussage, welche uns Jesus für das Ende der Zeiten mitgeteilt hat: „Prüfet eure Propheten! Es werden viele in meinem Namen kommen!“

Sobald Aussagen gemacht werden wie: „Nur bei uns werden Sie wahrhaft den Weg finden!" Oder: „Wenn Sie noch andere Wege gehen, können Sie nicht wirklich von unserer Wahrheit erfüllt werden!" – dann sollten Sie aufhorchen. Niemals würde ein Engel in den freien Willen eingreifen und Ihnen Vorschriften machen, Ihnen Zwänge auferlegen oder Forderungen an Sie stellen, welche kaum erfüllt werden können. Ein wahrhaft lichtes Wesen würde nie Angst, Schrecken, Druck und Hektik verbreiten oder die Menschen zu Handlungen zwingen, welche sie gar nicht tun wollen. Sobald andere Menschen in ihren Taten oder Gesinnungen schlechtgemacht werden, geschieht dies nicht aus Nächstenliebe, sondern aus Menschenverachtung, hinter der häufig ein dunkles Wesen aus der astralen Welt mitwirkt.

Nicht selten wird großer Druck ausgeübt, und gerade die Menschen, welche es auch den anderen recht machen möchten und nicht nur an sich denken, werden von dieser Anforderung überrollt. Doch Druck kann niemals der Weg sein. Man kann sich sogar den Grundsatz zu eigen machen, dass alles, was Druck verursacht, sofort abgewiesen werden sollte. Sobald man Druck im Inneren spürt, stimmt etwas nicht – entweder im Äußeren oder man trägt in sich selbst noch einen Zwang, etwa alte Prägungen des Dienens oder auch alte Schuldübertragungen, die man noch nicht auflösen konnte. Das Gefühl des Drucks ist ein starker Hinweis für ein noch vorhandenes Fehlprogramm.

Immer mehr Menschen sind inzwischen tatsächlich so weit, dass sie sich in den Restauflösungen ihrer karmischen Verarbeitungen befinden. Das heißt aber noch lange nicht, dass es nichts mehr zu tun gibt. Dann beginnt die eigentliche Reise zur Erhöhung der Seele. Dann geht es darum, Tugenden zu entwickeln und edle Gefühle zu leben. Dann kann es durchaus sein, dass eine schwere Lebensphase eingeleitet wird, doch dient sie nicht der karmischen Verarbeitung, sondern der Erkenntnis des eigenen Inneren. Lieblosigkeit hat nichts mit Karma zu tun, verachtende Worte für die

Mitmenschen oder Verurteilungen haben nichts mit Karma zu tun. Es sind Wesenszüge, die sich noch auf die Liebe besinnen müssen. Deshalb braucht man sich auch nichts einzubilden, wenn das eigene Karma abgeschlossen wurde. Dankbarkeit sollte das Innere erfüllen, denn mit Hilfe der Geistigen Welt konnte man seine alten Schulden abarbeiten und seine Fehler wiedergutmachen, welche meist ein anderer Mensch, der sie erst noch lernen muss, für uns rück-ausgelebt und uns damit die Möglichkeit zur Auflösung verschafft hat.

Nach der großen Wandlung und Schwingungserhöhung wird es die dunkle Seite in der alten Form nicht mehr geben. Kein Neueinsteiger in das Rad der Wiedergeburt lebt das Negative aus, um uns die Möglichkeit der Wiedergutmachung und eigenen Erkenntnis zu geben. Deshalb forciert die Geistige Welt die Prozesse auch so stark. Die Zeit scheint zu drängen und soll gut genutzt werden.

Eine sehr schwere Blockade auf dem Weg der Aufarbeitung ist die sogenannte „Lauheit". Diese innere Schwingung und Seeleneinstellung hat eine solch starke hemmende Wirkung auf den höheren Weg, dass Menschen, welche als lau bezeichnet werden, nicht von den höheren Energien erfasst werden können. Es liegt auch hier eine Gesetzmäßigkeit vor, welche das Einströmen der lichten Kraft verhindert. Es muss ein bestimmtes Maß an Streben vorhanden sein, ein bestimmter Krafteinsatz, eine gewisse Schwingungsstärke, welche unbedingt notwendig ist, damit die geistige Führung die notwendigen Schritte einleiten kann. Ist dieses Streben und das Sehnen nach dem Licht der Liebe nicht vorhanden, wird dieser Mensch abgewiesen. Dieses aufrichtige Sehnen kann man auch als das Ausstrecken der Arme nach Gott bezeichnen, die Er dann ergreifen kann. Streckt man die Arme nicht nach Ihm aus, vermag Er sie auch nicht zu erfassen. Dieser Mensch wird den nächsten Schritt nicht machen können und wird vermutlich lange Zeit benötigen, bis er für die nächste Erhöhung mitgenommen werden kann.

Nicht selten wird das Karma dann als Ausrede benutzt, um nicht an sich und den Problemen arbeiten zu müssen. Es ist ja das Karma, da kann man nichts machen! Dann wird die Kraft der Wandlung verschenkt, und die Chancen auf die nahende Durchlichtung schwinden.

Deshalb ist es sehr wichtig, dass der Mensch sich eigenverantwortlich und demütig auf den Weg begibt. Wohl wissend, dass sich der Einsatz und das Streben in seinen Händen befindet, aber es an der Güte und Weisheit der höheren Wesen liegt, wie intensiv die Aufarbeitungen ablaufen und wann wieder eine Zeit der Freude und Ruhe kommen darf.

18

Gedanken und Gesundheit

Wir wollen die Ursachen von Krankheiten in diesem Buch ganz grob in das folgende Schema unterteilen.

Krankheit entsteht:

- wenn man noch altes Karma abzutragen hat.
- wenn bestimmte persönliche Gedankenverdichtungen und Emotionen aufgelöst werden müssen.
- wenn das Leid zur Bewusstwerdung dienen soll.
- wenn die Arbeit an den Tugenden und die Nächstenliebe durch selbst erfahrenes Leid geweckt werden sollen.
- wenn man mit schlechten Gedanken und Emotionen seine Aura verschmutzt hat und der Körper die Krankheit benutzt, um diese abzubauen oder aufzuzeigen.
- wenn im Familienfeld noch Altlasten bestehen, welche man durch das Ableiden mit aufzulösen hilft.
- durch das fortdauernde Vorhandensein von extrem negativen Gedanken und Emotionen im Umfeld. Diese müssen erkannt und das Leben verändert werden.
- durch falsche Lebensweisen oder Gewohnheiten.
- wenn man eine Erkenntnis, welche gemacht werden sollte, nicht angenommen hat.
- wenn man als Spiegel dienen soll, um dem Umfeld bestimmte Wege vor Augen zu führen. Dies geschieht aber nur mit der Zustimmung der Seele.

- wenn man sich einer Krankheit hingibt und aufgibt.
- wenn der Körper sich auf die Krankheitsfelder der Erde einstellt, ihre Veränderungen durchlebt und dadurch immun wird (einige Kinderkrankheiten und auch Grippe).
- wenn sich dauernde Widerstände gegen das Leben auftürmen.
- wenn die Masse des persönlichen Nicht-Annehmen-Wollens sich zu solch großen Ansammlungen verdichtet, dass große Mengen an Lebensenergie dafür verschwendet werden, was mitunter sogar zum Tod führen kann.

Widerstände, Nicht-Annehmen-Wollen, Trauer oder sonstige Emotionen können im persönlichen System häufig auftreten, doch ist es nicht immer möglich, die Ursachen zu ergründen. Deshalb ist das Vertrauen in die geistige Führung sehr wichtig. Alles, was geschieht, hat seinen Grund, und wir sind vor eine Aufgabe gestellt. Auch wenn man es nicht weiß, sondern allenfalls vermutet, können wir über die Wahrnehmung der Emotionen im Inneren manchmal auf die Hintergründe aufmerksam werden.

In der jetzigen globalen Wandlungsphase geschieht es sehr oft, dass alte Ablagerungen aus dem hinteren Bereich der Aura in die Verarbeitungsebene vor den Solarplexus und das Herz gelangen, was zu einem starken Krankheitsgefühl führen kann, aber keiner Krankheit speziell zuzuordnen wäre. Es sind ausschließlich energetische Verarbeitungen, welche auf der Bewusstseinsebene bereits zur notwendigen Erkenntnis geführt haben und nur noch als energetische Restlast im System vorhanden sind.

Hier sind wir bei einem großen Problem angelangt. Die meisten Krankheiten haben genau zugeordnete Krankheitsbilder. Sie sind durch die stete Erneuerung zu einem richtigen Wesen geworden und werden sogar manchmal erst durch die Diagnose aktiv. Der Mensch, welcher körperlich bestimmte Symptome aufweist, hat diese Art von Krankheit vielleicht gar nicht und kann dennoch durch deren Akzeptanz und Annahme sich mit dem Wesen der Krankheit verbinden.

Auch wenn einem die Vorstellung, dass die meisten Krankheiten inzwischen zu regelrechten Wesen mutiert sind, etwas erschrecken mag, kann man sich dies dennoch leicht erklären. Wenn Sie sich vorstellen, mit welcher Genauigkeit die Krankheiten definiert werden, wird klar, dass es sich hier um ein genaues und exaktes Gedankengebilde handelt. Nimmt man dann noch die Emotionen vom Schreck der Erkenntnis/Diagnose und den Schmerz innerhalb der Krankheit dazu, ergibt dies ein beachtliches Gebilde mit nicht unerheblicher Kraft. Ist es eine schwere Krankheit, können hier auch noch Seelenfasern der zuvor Erkrankten enthalten sein.

Da nun jedes aufgebaute Gedankenfeld, welches ja niemals ohne Emotionen besteht, sich für seine Existenz stets rechtfertigen möchte und seinen Inhalt ausdrücken und darstellen will, kann man sich ausmalen, dass man nun nicht mehr nur mit den eigenen Verarbeitungen oder Erkenntnissen umzugehen hat, sondern immer auch mit dem Wesen der jeweiligen Krankheit. Das soll nicht erschrecken, es soll lediglich diesen Umstand ins Bewusstsein rufen; denn alles, was uns bewusst ist, kann in dieser Form bereits nicht mehr wirken.

Es wäre hilfreich, die Diagnosen ausschließlich im Lichte der Behandlungsmöglichkeiten zu betrachten, nicht aber im Sinne einer unveränderlichen und fixierten Krankheit. Spontanheilungen gibt es immer wieder, nachdem der Mensch den wahren Hintergrund erkannt hat und ihm höhere Hilfe zuteil wurde. Dann wurde der Erkrankte wieder an die bestehende vollkommene Gesundheitsaura angeschlossen, und der Körper reagierte sofort. Er gehorchte einem höheren Willen, der sich in absoluter Harmonie mit dem Schöpfergeist befand.

Es ist wenig sinnvoll, sich einfach nur vorzustellen, dass man gesund ist, die körperliche Abwehr alle Fremdsubstanzen oder entarteten Zellen vernichtet oder man wieder an die vollkommene Gesundheit seiner Astralhülle angeschlossen wird. Sollten Sie dies schaffen, haben Sie dennoch nur die aktuelle Auswirkung beseitigt, nicht aber den Grund. Viel wichtiger ist es, den tieferen Sinn für die Erkrankung zu finden. Dann sollte man sein Leben, seine Entscheidungen und vor allem seine Emotionen prüfen. Man kann die Geistige Welt bitten, den Grund aufzuzeigen, oder man bittet um Mithilfe, damit die bestehenden Lasten schneller abgebaut werden können.

Es kann die Frage auftauchen: „Warum sollte ich um geistige Hilfe bitten? Was ich verarbeiten muss, kann mir doch niemand abnehmen. Wenn es Karma ist, muss ich es abtragen." Das ist zwar richtig, doch dürfen wir nicht vergessen, dass wir es vermutlich waren, die sich einst aus dem Quell göttlicher Liebe und Kraft herausgelöst haben und glaubten, wir würden alles selbst schaffen. Der freie Wille ist das oberste Gebot, und würde Ihr Schutzengel Ihnen auch noch so gerne diese schmerzlichen Lasten aus Liebe abnehmen – er darf es nicht. Nur wenn er gebeten wird, kann er aktiv eingreifen.

Manche Menschen leben in ständiger Angst vor bestimmten Krankheiten. Sie wissen genau, mit welchen Symptomen die Krankheiten einhergehen, und warten im Grunde dauernd auf deren Erscheinen. Hier sitzen in der Aura bereits die starken Gedankengebilde und die Emotion der Angst, welche ohnehin den negativen Kräften alle Türen öffnet. Es wird praktisch ein Kleinprogramm des großen Wesens Krankheit erschaffen, welches nur darauf wartet, den großen Bruder endlich willkommen zu heißen. Es sitzt in der Aura und sendet unentwegt Botschaften in den Äther: „Bitte, großer Bruder, hier bin ich, komm doch!" Und das geschieht dann auch. Die Gesetze der Anziehung sind stets präsent, und der Mensch ist das Ergebnis seines Denkens und Fühlens.

Eine sehr starke und schon uralte Energie ist die Erwartung von Negativem, sobald man im eigenen Leben etwas Gutes erfahren oder erlebt hat. Bereits die Menschen in der Antike schrieben ihren Göttern sehr oft intensive Emotionen von Neid und Missgunst zu. Doch sie trugen sie vor allem in sich selbst und versuchten mit der Abgabe dieser negativen Kräfte an die Götter, diese von sich wegzuschieben. Wäre man selbst glücklich, dann wären die Götter neidisch und der Mensch würde die Missgunst abbekommen. Die Menschen lebten in ständiger Furcht vor der Strafe der Götter. Sie erlaubten sich auch in den folgenden Generationen nicht, glücklich zu sein. Mitunter waren sie sogar froh über Gebrechen, da ja die Götter dann nicht neidisch sein konnten. Vor diesem Neid von außen fürchteten sich die Menschen, aber es sind stets die Menschen, welche die Emotionen ausleben. Spürt man diese Energie in sich, erwartet man sie natürlich auch außen. Nicht selten trägt man noch einen solchen Aspekt in sich und ist sich dessen nicht bewusst. Er wirkt im Unterbewusstsein und wird hier auch von den kollektiven Feldern manipuliert und an seinem Platz gehalten. Glücklicherweise dürfen auch diese alten Verkrustungen in der jetzigen Verarbeitung an die Oberfläche, ans Licht gelangen, damit die Zugänge der morphischen Felder abgelöst werden.

Dauerhafte Gefühle von Unterdrückung und innerer Angst können auch Erkrankungen verursachen oder zumindest erschwerend auf die guten Gefühle im Alltag wirken. Dann hat man diese Hintergründe natürlich nicht detailliert im Bewusstsein, kann aber an die Verarbeitung herangehen, indem man immer im Vertrauen bleibt, dass der Körper hier unmissverständlich Botschaften sendet, damit die Verarbeitungen vorangehen und die Auflösung alter Felder einsetzen kann.

Es können auch körperliche Beschwerden oder Erkrankungen auftreten, weil der Mensch sich nicht verwirklicht. Er ist nicht wahrhaftig und spielt seinem Umfeld eine Rolle vor. Will seine

Seele auch hier eine Klärung erreichen, wird die Persönlichkeit heftig auf diesen Umstand hingewiesen.

Eine Rolle zu spielen, fängt meist schon als Kind an. Wie viele Kinder müssen ihren Eltern der Nachwuchs sein, den diese sich wünschen, und können selbst nicht so sein, wie sie sind. Die Bedürfnisse der Eltern oder deren Erwartungen werden erfüllt, obwohl das Innere der Kinder gerne so wäre oder so leben würde, wie es ihre Wahrheit im Inneren fühlt. Wird den Kindern dann noch Schuld übertragen oder stets unmissverständlich vorgelebt, dass man sie nur liebt, wenn sie so sind, wie es gewünscht wird, verlieren manche junge Menschen sogar die Wahrnehmung ihres Selbst und leben fortan ein fremdes Leben. Sie verlieren die Impulse ihres Wesens und können auch die Botschaften der Geistigen Führung nicht mehr fühlen.

Betrachtet man das Umfeld oder beobachtet sich selbst, wird man schnell feststellen, dass wir immer wieder eine Rolle spielen. Dann kann es sein, dass immer dann, wenn der Vater wieder auf den Bruder schimpft, weil dieser einfach nicht den Betrieb übernehmen will und tut, was er mag, man sich selbst so angepasst verhält, dass man tatsächlich den elterlichen Betrieb übernimmt und den Weisungen des Vaters folgt, damit man endlich einmal so gelobt und geliebt wird, wie es der Vater früher mit dem Bruder tat. Im Geschäftsleben zeigt man dem Chef immer ein freundliches Gesicht und ist unterwürfig, weil dieser genau dies von seinen Mitarbeitern sehen will. Selbst bei Freunden können manche Menschen nicht so sein, wie sie gerne wollen, weil diese nicht selten auch voll von Forderungen stecken und das Gegenüber nur so lange akzeptieren und „mögen“, solange es gut zu halten ist. Eine Partnerin will vielleicht immer, dass man Socken in den Schuhen trägt, aber man will lieber barfuß sein. Manchmal sind es auch nur Kleinigkeiten, aber manche Menschen haben ihren Tag angefüllt mit Vorgaben, wie sie leben sollen, und wissen kaum mehr, wie es ist, die Wahrheit zu sagen oder zumindest einigermaßen aufrichtig zu sein. Allen wird gesagt, was sie hören wollen, alle Zwänge werden erfüllt, damit man ja nicht angegriffen wird oder Schlimmeres erleben muss.

Natürlich müssen wir im Geschäftsleben oft „politisch“ vorgehen, doch sollten wir immer mehr ein Leben in Wahrhaftigkeit leben. Oft denkt man, das kommt gar nicht gut an, aber manchmal ist es genau umgekehrt. Die Freunde oder Familienmitglieder sind froh, dass man endlich einmal deutlich zum Ausdruck bringt, was man gerne will und was man wirklich denkt. In der Seele spüren sie es ohnehin ganz genau, und wenn man nicht aufrichtig ist, gibt das beim Gegenüber immer Dissonanzen. Diese misslichen Frequenzen werden in der jetzigen Zeit immer deutlicher gefühlt, und die Menschen, welche offen und ehrlich sind, werden immer mehr bevorzugt. Auch hier kommt die Wahrheit ans Licht. Im Grunde ist dies auch eine Art Egoismus: Man verhält sich so, damit man keine schlechte Energie abbekommt, negative Emotionen oder sonstige Unannehmlichkeiten erleben muss. Prüfen Sie sich: Urteilen Sie selbst schnell und gerne andere Menschen ab? Mögen sie nur die Menschen, welche ihnen „schöntun“? Sind Sie bereit, für die Bedürfnisse Ihres Gegenübers auch einen Einsatz zu bringen? Lieben Sie Ihre Nächsten?

Wenn diese Vorgaben im Sinne der höheren Tugenden schwingen, gibt es keinen Grund, warum man nicht so sein sollte, wie man ist. Spürt das Gegenüber, dass Sie im Moment wirklich so erschöpft sind, dass Sie am Wochenende nicht beim Umzug helfen können, wird er es Ihnen nicht übelnehmen. Er mag vielleicht kurz enttäuscht sein, aber er nimmt es Ihnen nicht krumm. Tut er es dennoch, ist er nur auf seinen Vorteil bedacht, was auch nichts mit Freundschaft zu tun hat.

Viele Menschen distanzieren sich gerade von den Freundschaften, bei denen sie nur gut ankommen, wenn sie so funktionieren, wie es das Gegenüber will. Oder dauernder Egoismus beherrscht eine Verbindung, und in den Gesprächen kommt man selber kaum zu Wort, da nur noch der andere wichtig ist. Dann möchte man seine Energie nicht dadurch verschwenden, dass man den Forderungen seiner Freunde oder Familienmitglieder dienlich ist. Es ist wichtig, immer auch an sich selbst zu arbeiten und sich diesbezüglich zu prüfen.

Man kann die Wichtigkeit der Wahrhaftigkeit nicht genug betonen. Bleiben Sie wahrhaftig, teilen Sie Ihrem Gegenüber ruhig Ihre Gefühle mit. Allerdings kommt es auch immer darauf an, wie man etwas sagt. Bleiben Sie bei sich selbst, ohne dem anderen Schuld zuzuweisen oder ihn gar zurechtzuweisen. Sind von Ihnen selbst noch Emotionen von Zorn vorhanden, sollten Sie diese zuerst bearbeiten. Meist ist man auf sich selbst zornig, da man vieles so lange geschluckt hat. Auch ist das Gegenüber der Mensch, der Ihnen Ihre Fehlbarkeit aufzeigt. Er ist Ihnen also dienlich und sollte nicht mit Wutenergie überhäuft werden.

Machen Sie sich bewusst, dass auch die Rollen, die man spielt, zu eigenständigen Wesen mutieren. Mit der Zeit ist man dann wirklich krank, wenn man dies immer als Ausrede benutzt hat, um im elterlichen Geschäft nicht mitarbeiten zu müssen. Oder man bekommt wirklich oft Kopfschmerzen, weil man das als Ausrede für den Ehepartner nutzte. Werden die Lügen-Gedankengebilde stärker, wirken sie auch zurück und fordern ihren Tribut.

Genau solche Gedankenformen werden im Moment ebenfalls zur Klärung gebracht. Hat man den Hintergrund erkannt und lebt ein derartiges Feld nicht mehr aus, geht es ausschließlich um das Abtragen und Auflösen der entstandenen Felder. Dann kann es sein, dass es einem eine Weile gar nicht gut geht und man glaubt, man werde krank, doch ist dies der Energieverbrauch, welcher notwendig ist, um die Lasten abzubauen und die aufgebauten Felder zu löschen. Das schwächt mitunter alle körperlichen Systeme, doch man weiß den Grund dafür nicht. Am besten nehmen Sie es einfach an und wehren sich nicht dagegen. Die Energie der Abwehr und Ablehnung erhöht den Druck nur noch, mit dem die dunklen Schwingungen dann in Ihr System eindringen wollen.

Außerdem ergibt die Menge an Energie, welche Sie für die Ablehnung einsetzen, mit der Zeit ein großes Feld, welches Sie, nachdem Sie bereits Ihre Aufarbeitung blockiert haben, auch noch mühsam abtragen müssen. Es sind oft auch die Verdichtungen von Gewohnheiten, die viel Mühe in der Auflösung bereiten. Es ist zwar verständlich, wenn man gerne eine Phase der Entspannung und Ruhe hätte, doch seien Sie versichert, dass auch dies bestimmt einen wichtigen Grund für Sie hat. Versuchen Sie, in der Demut zu bleiben, und lassen Sie sich vor allem nicht aufhetzen, indem man Ihnen vormacht, dass ein Mensch, der krank ist, es auch so verdient. Sobald ein Mensch seine persönlichen Verarbeitungen abgeschlossen hat, beginnt er entweder, die kollektiven Felder aufzulösen, oder er arbeitet für seine Familie beziehungsweise das Umfeld vorhandene Altlasten ab.

Glücklicherweise geht die Auflösung und Verarbeitung nicht immer mit Krankheit einher, doch die nächtlichen Prozesse oder der Energieverbrauch in den unbewussten Schichten benötigt eine Menge Kraft. Dann ist Erschöpfung an der Tagesordnung, und die Stimmung ist oft „im Keller“, da man auch die alten Emotionen aufarbeiten muss.

In letzter Zeit zeigen sich in der Aura der Menschen verstärkt Schutzringe um Stirn und Hals, um das Herz, um den Solarplexus und um die Hüfte. Manchmal sind bis zu sieben Ringe in den jeweiligen drei Bereichen zu sehen. Diese zeigen sich wie die Ringe um den Saturn, und bei Gesundheit strahlen sie hell und schön. Sie sind eng verbunden mit den Chakras und wirken zum einen auf sie ein, werden aber im Gegenzug auch von ihren Belastungen belagert. Frauen, welche noch Altlasten im weiblichen Feld haben, von Ahnenenergien belastet sind oder noch unverarbeitete Probleme der eigenen Schwangerschaft aufweisen, zeigen um den Unterleib deutliche Unterbrechungen im Kraftfeld der Ringe. Sie sind mit Verdichtungen belagert und hängen manchmal wie erschlaffte Seile eng am Leib. Über diese Ringe ist der Mensch intensiv mit den energetischen Hilfskräften aus der Geistigen Welt verbunden. Sie sind wunderschön und zeigen uns deutlich auf, dass wir uns diese Ringe auch als Schutzwall vorstellen können, sobald die Belastungen abgeräumt sind.

Werden beispielsweise über die Ringe alte Gedankenbilder, Bindungen oder Emotionen abgetragen, wirken die Verarbeitungen mit den verschiedensten Erscheinungen auch auf den Körper. Geht man dann zum Arzt, was man bei schweren Erkrankungen unbedingt tun sollte, versucht dieser natürlich, das Geschehen in ein Krankheitsbild einzufügen. Viele Menschen wollen auch immer genau wissen, was sie haben, und sind enttäuscht, wenn der Arzt nichts sagen kann. Manchmal wird die Krankheit ja auch zum Erreichen gewisser Ziele benutzt oder als Ausrede für bestimmte Dinge. Der Arzt „sollte" nun eine Diagnose stellen – er wird ja auch entlohnt nach dem jeweiligen Krankheitsbild – und die „Straße der Krankheit" ist beschritten. Doch in letzter Zeit geschieht es immer häufiger, dass die körperlichen Erscheinungen in gar kein bestehendes Bild hineinpassen, und die Ärzte geben dies auch offen zu. Es werden zwar einige neue Krankheitsbilder erschaffen, doch ist vieles ungeklärt. Viele Ärzte stehen auch dazu und sagen deutlich, dass sie es nicht wissen. Sie helfen, wo sie können, und lassen dann den Körper regenerieren.

Ein mitunter nicht unerhebliches Maß an persönlicher Energie geht auch im Einsatz für die Tagträume verloren. Innere Teilbereiche des Menschen arbeiten manchmal Lebenssituationen, welche aus deren Sicht nicht optimal gelebt wurden, nochmals durch, stellen sich diese als nunmehr positiv vor und verändern die eigenen Reaktionen entsprechend ihrer Vorstellung. Dann wird dem Chef einmal so richtig die Meinung gesagt oder dem Partner die inneren Ängste endlich offengelegt. In diesen „Energiewelten" ist man kraftvoll, mutig und lebt die Bereiche, welche ansonsten nicht gelebt werden, entweder aus Angst oder auch aus Mangel an Zivilcourage. Dann wird es notwendig, die eigenen Teilbereiche zu stärken und wahrhaftig zu werden, anstatt in Scheinwelten sein Dasein zu fristen. Auch starke Bedürfnisse und das Verlangen nach Liebe oder sexueller Befriedigung können der Grund für die Erschaffung einer Scheinwelt sein. Werden diese Welten immer wieder genährt, erhalten sie mit der Zeit eine große Stärke, und die energetischen Aufbauten werden immer dichter. Man erschafft regelrecht eine eigene Astralwelt, welche das Bewusstsein immer mehr hineinzieht. Doch das ist nicht die reale Welt und kann nie eine Aufarbeitung oder wahre Erkenntnis hervorbringen. Es ist tatsächlich schade um die Energie, welche hierfür verbraucht wird und welche mühsam wieder aufgelöst werden muss – manchmal sogar erst nach dem Leben. Man kommt nicht weiter, da man diese Aufbauten wieder auflösen muss. Dann werden diese Welten zum Jammertal, da sie die Seele nicht ziehen lassen.

Das Gleiche geschieht auch, wenn man sich zu viel und zu lange in den Spielwelten der Computer aufhält. Auch hier haben sich bereits eigene Welten gebildet, in denen die Menschen mit immer mehr Seelenfasern hinüber schlüpfen und dadurch den Bezug zum realen Leben verlieren, in dem sie sich entwickeln sollten.

Ein starker und wunderschöner Aspekt im aktuellen Wandlungsgeschehen ist die Kraft der Natur. Ganz deutlich verstärkt sich die höhere Energie der Natur, welche sich im Gesamtfeld Erde mit uns in die nächst höhere Ebene erheben wird. Wenn Sie heute einen Baum umarmen und ihn, beziehungsweise das höhere Seelenwesen der Bäume, ansprechen und darum bitten, Spannungen abzunehmen und Sie bei der Gesundung ihres Körpers zu unterstützen, dann können Sie in ganz besonderer Weise das verstärkte Kraftpotenzial der Naturwesen spüren, welche sich ebenfalls auf dem Weg in das neue Zeitalters des Lichtes befindet. Alle Pflanzenwesen öffnen sich zurzeit für die nächste Stufe des Seins, und in Harmonie und Verbindung mit den Menschen rechter Gesinnung kann sich ein liebevolles und harmonisches Miteinander entfalten. Dann wirken die Inhaltstoffe der Pflanzen in besonderem Maße, und die geistigen und feinstofflichen Strukturen werden deutlicher. Wenn man diese Hilfe in Anspruch nimmt, sollte man immer auch an den energetischen Ausgleich denken. Dankbarkeit und Liebe für die Mithilfe sollten fließen, damit die Pflanze auch von uns wieder etwas zurückerhält.

Auch wenn die bestehenden weltlichen Systeme kaum mehr eine Zukunft haben, egal ob man das Finanzwesen oder das Gesundheitswesen betrachtet, versuchen diese „Wesen" weiterhin, sich mit aller Macht aufrechtzuerhalten. Niemand weiß mehr wirklich, wie es weitergehen soll, doch die Felder kämpfen massiv um ihre Existenz. Glücklicherweise erkennen immer mehr Menschen, dass die Wege der Freiheit nicht in diesen alten Systemen haften bleiben können. Es bedarf einer globalen Erneuerung. Viele Menschen fühlen, dass sie selbst es sind, die den Anfang machen können, ohne Verurteilung für die alten Felder. Diese haben ihren Dienst getan, doch sollte jetzt alles in einer neuen Energie beginnen.

19

Schutz vor Fremdgedanken

Kann man sich überhaupt vor Fremdgedanken schützen? Prinzipiell kann man sagen, dass der menschliche Verstand wie eine Art Maschine funktioniert. Er muss arbeiten, ansonsten könnten wir im Alltag nicht bestehen. Er nimmt Gedanken von außen auf oder erhält sie aus den feinstofflichen Bereichen. Würde er ausgeschaltet, wären wir zwar vor fremden Gedanken und unseren eigenen aus dem Unterbewusstsein geschützt, aber wir kämen auch nicht weiter auf unserem geistigen Weg.

Der Gedankenapparat ist je nach Frequenz des Menschen eingestellt. Die Art der Gedanken hängt vom Entwicklungsstand eines Menschen ab. Hat er seine negativen Emotionen bewältigt, sind auch keine derartigen Speicherungen mehr in seiner Aura, an denen gleich geartete Gedanken hängen oder über die fremde, aber artverwandte Gedanken eindringen können. Wenn der Betreffende in seinem Unterbewusstsein aber noch derartige Ausrichtungen trägt, ist er durch die Resonanzgesetze und den Zugriff der dunklen Seite über das Unterbewusstsein weiterhin offen für das Einströmen einer entsprechenden Art von Gedanken und Emotionen.

Man kann, wie schon angesprochen, seit einiger Zeit ganz deutlich eine intensive silberne Energie in der Aura wahrnehmen, welche sich unter das Unterbewusstsein schiebt und alles in den Bereich des Tagesbewusstseins anhebt. Das ist ein wichtiger Prozess, auch wenn er in den Auflösungsarbeiten unangenehm und anstrengend erscheint. Viele Menschen arbeiten aktiv an der Klärung ihres Wesens und ihres Unterbewusstseins. Während einer solchen Großreinigung muss man, wie beim Hausputz, auch Türen und Fenster öffnen, was es bestimmten unkontrollierten Gedanken leider leichter macht, in die Aura einzudringen. Glücklicherweise existiert dafür ein besonderer Schutz der Engel, welcher immer stärker wirksam wird.

Alles, was im Bewusstsein der Liebe schwingt, alles, was bereits von den Lichtschwingungen der Geistigen Welt durchdrungen ist, befindet sich im Schutz einer höheren Wirklichkeit und ist somit unangreifbar. Doch wer kann das schon für alle seine Seelenfasern und sein ganzes Sein behaupten? Kaum jemand hat bisher diesen Zustand erreicht, und auch wenn man annehmen darf, dass man selbst schon sehr viel verarbeitet und auf das Licht der Liebe ausgerichtet hat, kann sich immer noch ein versteckter Hauch zeigen oder man hat etwas von seinem Umfeld übernommen. Sofort befinden wir uns wieder in der Arbeitsschwingung und sollten dann möglichst im Gebet und in der Meditation um die Mithilfe der Geistigen Welt bitten.

Hier zeigt sich auch das zweite Thema bezüglich des Annehmens. Ohne die Bereitschaft, die Dinge anzunehmen, kann eine wahre Aufarbeitung nicht stattfinden. Also müssen wir annehmen, was es anzunehmen gibt; voller Vertrauen in die Geistige Welt, nicht mehr aufgeladen zu bekommen, als wir verarbeiten können, und in der Gewissheit, dass es stets das Richtige für unseren Fortschritt ist. Dann mag die Persönlichkeit mitunter klagen, doch tief in ihrem Inneren weiß sie genau, dass es der Wunsch und das Wirken ihrer Seele ist, und sie wird sich fügen. Wenn Sie also heftig in einer Verarbeitungssituation stehen, verzagen Sie nicht, sondern haben Sie Vertrauen. Die Zeit der Ruhe wird wieder kommen.

Stellt sich eine Persönlichkeit gegen die erforderlichen Mühen und will lieber leben und feiern, kann sie, je nach geistigem Fortschritt der Gesamtseele, durchaus eine starke Blockade setzen. Will die Seele jedoch den nahenden Entwicklungsschritt in die nächste Stufe schaffen, wird sie rigoros gegen die eigene Persönlichkeit vorgehen. Vielleicht wird ihr der freie Wille genommen, und es kann sein, dass die ganze Lebensplanung verändert werden muss. In früheren Zeiten hat eine Seele ihre Persönlichkeit meist „hinüber" geholt, damit sie nicht noch mehr Schaden anrichten kann, doch die gegenwärtige Zeit ist etwas Besonderes, und die Seelen wollen diese Möglichkeiten der Verarbeitung und des Hervorholens der dichtesten Schatten aus dem Unterbewusstsein nicht ungenutzt lassen.

Auch um den Einfluss kollektiver Felder ablösen zu können, bedarf es der Bitte des Menschen an die geistige Welt sowie der aktiven Mithilfe. Diese Energiefelder sind meist zusätzlich blockiert und überlagert mit eigenwilligen Aspekten oder mit massiven Widerständen und Prägungen einzelner Menschen. Sobald diese aus der Unbewusstheit hervortreten, benötigen sie meist noch einige Zeit, bis sie ihr altes Programm gänzlich loslassen. Doch sobald sie dem Menschen bewusst geworden sind und er sie angenommen hat, kann die „Datei" geöffnet und ihr Inhalt mit einer neuen Codierung oder Löschung versehen werden.

Deshalb sollte kein Tag vergehen, an dem man nicht um die Mithilfe der Geistigen Welt bittet, um ihre Unterstützung und Liebe, damit man so gut wie möglich diese Wandlungsphase bewältigen kann.

Auch wenn Sie sich bereits viel Liebe in Ihrem Inneren erarbeiten konnten, ist der Druck von außen zurzeit sehr heftig. Da die energetischen Anforderungen sehr hoch sind, kann es immer wieder geschehen, dass die Energiespeicher viel schneller leer werden, als dies noch vor Jahren der Fall war. Deshalb darf man nicht nur um

Hilfe und um Schutz während der Verarbeitungsprozesse bitten, sondern auch um die rechte Wahrnehmung. Gebete können hier sehr viel bewirken. Sie vermögen die Schwingung für den höheren Lichtstrom vorzubereiten und den Fluss der Liebe zu erleichtern.

Wenn Sie möchten, können Sie die nachfolgenden Worte als Bitte an die Geistige Welt in einer Meditation nutzen:

Setzen oder legen Sie sich dazu bequem hin und sorgen Sie dafür, dass Sie möglichst nicht gestört werden. Atmen Sie einige Male tief ein und aus und versuchen Sie, sich am ganzen Körper zu entspannen. Lesen Sie diese Worte mit dem aufrichtigen Wunsch an die Geistige Welt um Hilfe. Schließen Sie dann die Augen und lassen Sie die Energien wirken. Überlassen Sie sich den Führungskräften und schenken Sie ihnen das Vertrauen. Wenn Sie das Gefühl haben, aufhören zu wollen, atmen Sie noch einige Male tief ein und aus und beenden die Meditation.

Höchste Schöpferkraft,
aus tiefstem Herzen bitten wir Dich um Deinen Schutz
und Deine Führung.
Lasse die Kraft Deiner Vollkommenheit in unserem Wesen
fließen, damit alle Bereiche, die noch außerhalb Deiner Liebe
schwingen, von Dir durchdrungen werden.
Bitte gib uns den Halt Deiner Nähe und die Weisheit,
unser Leben mit klarer Bewusstheit auf Deinen Weg zu erheben.
Bitte schütze uns in unserer Unvollkommenheit
und schenke uns den Segen Deiner Liebe.
Wir wissen, dass Du bei uns bist,
und dankbar fühlen wir Deine Liebe.

20

Selbstbeobachtung

Der einzige Weg, um auf notwendige Lern- oder Verarbeitungsschritte hingewiesen werden zu können, ist die Beobachtung des eigenen Selbst. Es reicht auch nicht, nur das Wissen um die energetischen Prozesse anzusammeln, sondern es ist wichtig, dass das eigene Wissen auch gelebt wird. Es geht nicht darum, dauernd nur auf der Lauer zu liegen, was sich im eigenen Inneren bewegt oder was das Umfeld einem zeigen will. Das wäre wieder nur Ego-Pflege, indem es einem nur um sich selbst ginge und man für das Leben um einen herum gar keine Zeit mehr hätte. Doch das liebevolle Betrachten des eigenen Weges ist sehr wichtig, vor allem wenn man so manchen lieblosen Zug in sich entdeckt. „Du sollst Deinen Nächsten lieben wie Dich selbst und Gott über alles!“ Das ist immer noch der Leitsatz für unseren geistigen Weg. Seien Sie sich bewusst, dass alle Menschen gerade an ihre Unvollkommenheiten herangeführt werden, zumindest alle, die sich auf den Weg in das Geistige Lichtreich begeben haben und an sich arbeiten wollen. Auch wenn das kollektive Feld der Menschheit einem immer wieder vorspielt, man dürfe oder solle keine Fehler machen, so sind es doch gerade die Fehler, welche einen Menschen wirklich weiterbringen und zur Erkenntnis gelangen lassen. Sagen Sie sich einfach:

- Ohne meine Erfahrungen wäre ich nicht das, was ich heute bin.
- Ohne meine gemachten Fehler würde ich nicht wissen, was ich heute weiß.
- Gott ist Liebe. Er ist die Vergebung, mein Weg und mein Ziel. Er ist das absolute Sein und immer an meiner Seite.

Es kann auch sein, dass Sie gerade eine gute Zeit verleben und sich ganz wohl fühlen. Das zeigt, dass Sie bereits einiges in Ihrem Leben geordnet haben. Wenn Sie wachsam bleiben, werden Ihnen noch weitere Bereiche zur Verwandlung auf den Weg gegeben, damit Sie daran arbeiten können. Vielleicht haben Sie im letzten Leben bereits viel aufgearbeitet und haben es dieses Mal etwas leichter. Dennoch fühlen Sie in Ihrem Inneren genau, um was es zurzeit geht, und Sie bemühen sich, Ihren Verstand und Ihren Geist vorzubereiten. Ihr Inneres, Ihr höheres Bewusstsein, weiß schon Bescheid, aber der irdische Verstand, welcher sich für dieses Leben sortiert, muss mit Wissen versorgt und mit Erkenntnis wachgerüttelt werden. Dann gelangt auch er zu mehr Bewusstsein und kann vom Licht durchdrungen werden. Das Bewusstsein, die Wahrheit und der Weg der höheren Liebe machen uns frei.

Die Erkenntnisse dessen, was sich wirklich auf dieser Erde abspielt, erschüttern alle, selbst Menschen, welche von den spirituellen Dingen nichts wissen wollen. Auch sie bemerken immer klarer, dass es so nicht weitergehen kann. Etwas verändert sich, und sie werden in ihrem Inneren aufgerüttelt.

Im Grunde geht es vor allem darum, die eigenen Emotionen zu überwinden und alte Lasten zu verarbeiten und auszugleichen, um dadurch aus den Wirren der Welt und aus den Fängen der dunklen Seite zu gelangen. Deshalb ist es wichtig, die eigenen Emotionen zu beobachten sowie die Menschen im Umfeld, denn auch sie können uns etwas aufzeigen. Man glaubt irrtümlich, der Geistige Weg sei ein unentwegt anstrengender. Daher müsse man dauernd nur beobachten und beachten, nichts Falsches zu tun. Das ist schon richtig, nur sollte man sich auch bewusst machen, dass alles, was wirklich verarbeitet wurde, nicht mehr in das eigene Arbeitsfeld gerät. Nehmen Sie den Neid und in Verbindung damit die üble Nachrede. Irgendwann bemerkt eine Frau, nennen wir sie Klara, dass sie einen solchen Persönlichkeitsaspekt noch in sich trägt. Sie beschließt, an dieser Lieblosigkeit zu arbeiten. Am Anfang ärgert sie sich furchtbar, als sie bemerkt, dass dieser innere Zug sie immer wieder so umgarnt, dass sie ihn erst nach seinem Ausleben bemerkt. Die Situation ist vorüber, und sie hat bei einem ihrer Freunde schlecht über einen anderen gesprochen, weil dieser sich ein neues und teures Auto geleistet hat. Ihr innerer Teil hat zudem immer wieder versucht, den Gesprächspartner ebenfalls dazu zu motivieren, schlecht über den Autokäufer zu reden, damit er noch mehr Energie bekommt und sich gut fühlt, da der andere ja auch so neidisch und missgünstig ist wie er selbst.

Ein ganz unangenehmer Aspekt solcher liebloser Strukturen ist der, dass sie ziemlich wütend werden können, wenn beispielsweise ihr Gegenüber nicht mitschimpft oder man gar auf das unangenehme Vorgehen aufmerksam gemacht wird. Sagt dann das Gegenüber: „Wenn er es sich leisten kann, ist das doch ok!“, dann fühlen sich die eigenwilligen Bereiche gekränkt und reagieren meist ärgerlich. Dann beginnt sich manchmal die angestaute Wut auf den Gesprächspartner zu übertragen und holt sich auf diese Art und Weise die Emotionsenergie des Menschen, welcher sie stärkt und „am Leben erhält“.

Klara kam ihrem Wesenszug immer mehr auf die Schliche, und mit der Zeit gelang es ihr, sich mühsam zurückzuhalten, obwohl es ihr auf der Zunge brannte. Dann kam eine gute Bekannte, und als diese anfing, über einen anderen herzuziehen, war sie schon wieder dabei und ließ sich mitreißen. Das sollte ihr nicht wieder passieren, und sie achtete gut auf ihren inneren Teil. Doch das Unterbinden und Verdrängen allein reichte nicht. Immer wieder trat sie deshalb in einen inneren Dialog und sprach mit dem Teil, der so neidisch, böse und zornig war. Irgendwann hatte sie das Gefühl, dass sie ihn „hören" konnte. Sie erkannte, dass dieser Teil sich zutiefst ungeliebt und nicht angenommen fühlte. Er hatte schwere Zeiten durchlebt und auf vieles verzichten müssen; auch eine unbestimmte Angst war für Klara zu fühlen. Eine Menge angestaute Wut befand sich zudem in seinem Umfeld.

Sie zeigte ihm, dass sie ihn liebte, und versuchte, ihn dazu zu bewegen, das Alte loszulassen und dem Verursacher seiner Schmerzen zu verzeihen. Immer wieder wies sie ihn auf den Weg der Liebe hin und erklärte ihm, dass er auch nicht besser sei als die anderen, wenn er sich nicht für einen neuen Weg entschied. Irgendwann trug dieses Bemühen Früchte, und sie fühlte, dass sie – ihr innerer Teil – keinen Groll mehr empfand, wenn jemand etwas bekam oder sich leistete. Sie versuchte, zusammen mit diesem Wesensanteil, dem anderen Menschen das Gute zu gönnen. Sie erfüllte den Mangel ihres eigenen Teiles mit Liebe. Dieser zog daraus die wahre Nahrung und musste seinen Mangel nicht länger mit Ablehnung und Wut kompensieren. Dennoch hörte sie sich immer wieder sagen, dass sie nicht neidisch sei und auch keinen Groll empfinde gegen Menschen, die mehr hatten als sie selbst.

Muss man sich noch bemühen, ist ein Thema noch immer aktuell, auch wenn Sie es nicht mehr ausleben. Solange man noch darüber redet, ist es noch nicht vom Tisch.

Klara bemerkte nun, dass dieser Teil sie immer wieder mit seinem Neid und seiner Missgunst quälte. Sie empfand es als sehr mühsam, besonders als sie noch Anderes in sich entdeckte. Doch sie wollte nicht aufgeben. Irgendwann erkannte sie dann, dass sie sich gar nicht mehr um diesen Teil kümmern musste, denn er hatte sich ihrem Weg angepasst und forderte nicht mehr länger Energie von ihr. Sie war glücklich darüber und dankte der Geistigen Welt für ihre Hilfe. Sie war frei, und sie fühlte sich frei. Somit war diese

Arbeit vorüber, und es gab keinen Grund mehr, Energie dafür zu verbrauchen. Das ist ein wichtiger Aspekt, denn:

- man muss sich nur so lange mit einer Thematik beschäftigen, wie sie auch aktuell ist.
- solange man noch darüber reden muss, ist das Thema nicht abgeschlossen, sondern meist als innerer Bereich noch vorhanden. Wenn also die Mütter immer betonen, dass sie ihre Kinder loslassen und ihr eigenes Leben leben lassen, kann man davon ausgehen, dass sie sich eventuell darum bemühen, es aber noch lange nicht wahrhaft so ist.
- wer ein Thema immer wieder anschneidet, hat es noch nicht gelöst. Vor allem Beteuerungen wie: „Ich rede anderen Menschen nie ein, was sie besser machen können!“, geben klare Hinweise, dass sie genau das mit einem inneren Teil tun wollen und geistig auch tun.

Auch wenn man eine Qualität nicht mehr lebt, ist sie dennoch vorhanden und wird vom Umfeld gespürt. Diese Wahrnehmung wird bei allen Menschen immer stärker. Jeder wird immer mehr erkannt; und die Wahrheit tut sich kund.

Sobald ein Bereich voll bewusst und auf die höheren Werte eingeschwungen ist, fügt er sich nahtlos in das Gesamtgefüge des Menschen ein und wird vom inneren Schutz des Lichtes erfüllt. Es bedarf dann keiner Mühe mehr, da die Bereiche in das wahre Sein übergegangen sind, und wer (bewusst im höheren Licht) ist, muss sich nicht mehr darum bemühen.

Prüfen Sie sich also immer wieder und denken Sie über die Ereignisse im Alltag nach. Wie sind Ihre Gedanken, Ihre Emotionen?

Seien Sie sich gewiss, dass es nur Teilaspekte Ihrer Persönlichkeit sind, welche eventuell noch in negativen Strukturen festhängen. Sie benötigen Ihre Hilfe, genau wie ein Kind in einer Großfamilie Halt und Unterstützung benötigt. Manchmal muss man auch schimpfen und hart durchgreifen, doch ist die Liebe immer der beste Weg zu Verständnis und Frieden.

Können Sie Ihren Tag in relativem Frieden leben? Was stört Sie dabei? Was taucht Negatives auf? Gibt es etwas, was Sie unbedingt „wollen"? Auch Fremdbeeinflussung verursacht Stress und Druck. Mitunter geht es auch darum, alte Zwänge zu erkennen, um zu begreifen, dass diese eine Illusion sind, die andere knechten sollen, auch wenn sie einst für eine gewisse Zeit den Menschen Halt und Führung gaben. Doch jetzt ist es Zeit, sie aufzulösen.

Um die einströmenden höheren Energien für den Übergang in eine lichtvollere Schwingung gut aufnehmen zu können, ist es auch wichtig, in der Gegenwartsenergie zu verbleiben. Hier wird wieder der Fokus deutlich, dem sich der Mensch in seinem Alltag widmet. Ist er nicht auf die Gegenwart, also auf die präsente Schwingung des Jetzt, eingeschwungen, kann die feinstoffliche Energie nicht wirklich in die richtigen Kanäle fließen. Prüfen Sie sich am besten selbst, wie oft Sie mit Ihren Gedanken in der Zukunft oder in der Vergangenheit weilen. Haben Sie Wunschvorstellungen? Denken Sie oft an eine noch in der Zukunft liegende Lebenssituation, in der es Ihnen dann besser gehen wird, wo sie mehr Ruhe und Aktivität für Ihren geistigen Weg entwickeln können, wenn die Arbeit nicht mehr so zeitraubend öde, die Kinder vielleicht aus dem Haus sind oder Sie weniger Last im Alltag haben? Oder denken Sie oft an schöne oder auch negative Erlebnisse in der Vergangenheit? Kommt dies öfter vor, sind Sie mit Ihrer Krafteinteilung nicht im Hier und Jetzt. Dann strömen die Energien in die Zukunft oder in die Vergangenheit und fehlen Ihnen in den gegenwärtigen Prozessen.

Auch hier sind Gebete und Meditationen eine gute Hilfe und Ausrichtung. Durch die Bitte um Hilfe an die Geistige Führung werden Kanäle geöffnet, und die helfenden und heilenden Energien können ungehindert fließen. Es ist unser freier Wille, den die Engel benötigen, damit sie uns helfen können.

Einer der wichtigsten Aspekte auf dem spirituellen Weg ist der Abbau von Ängsten. Fragen Sie sich, in welchen Bereichen Sie noch Angst fühlen. Haben Sie eventuell Existenzängste? Haben Sie Angst, verlassen zu werden? Über was sorgen Sie sich? Vielleicht können die Ängste im Alltag durch den Verstand verdrängt werden, doch jeder unverarbeitete emotionale Prozess wird sich nach dem irdischen Leben vehement im Astralbereich zeigen. Dann ist die Not wahrlich groß, und egoistische Teile, welche einfordern und Angst haben, keine Zuwendung zu bekommen, werden den Menschen quälen. Erlebte Not wird dann tief gefühlt oder ungelöste Schocksituationen immer wieder erlebt. Auch die erschaffenen Felder und manchmal sogar dazugehörige Wesen wirken dann massiv auf den Menschen ein. Die Auflösung von Ängsten sollte daher ein Hauptthema sein.

Zurzeit werden dem strebenden Menschen auch seine Ängste mitunter schonungslos in den Weg gelegt. Ist er dann bereit, sie anzunehmen, anzusehen und in steter Kommunikation mit dem eigenen inneren Angstteil liebevoll daran zu arbeiten, kann er sich von den alten Lasten befreien und schneller und intensiver auf dem geistigen Weg voranschreiten. Wichtig ist die Suche nach dem emotionalen Hintergrund. Manchmal ist die Angst vom Ego verursacht, da es Sorge um seine Existenz hat, doch in den meisten Fällen stecken ungelöste Schocks und schmerzhafte Emotionen dahinter. Hinter Wut und Zorn stehen nicht selten auch Angstthemen. Nehmen Sie diese liebevoll an, und bitten Sie die geistige Führung um Auflösung der Energien und Ängste. Bitten Sie um Vertrauen, und bemühen Sie sich zu fühlen, dass Sie in Wahrheit behütet und geführt werden. Ein wichtiges Potenzial zur Auflösung besteht darin, dass man bereit ist, genau das, was einem die

Angst vormacht, nochmals anzunehmen, falls es für die eigene Entwicklung notwendig ist. Seien Sie einfach bereit und wehren Sie sich nicht. Abwehr ist das Gegenteil von Annehmen und führt zu immer mehr Widerständen und negativen Energien.

Die emotionale Kraft der Abwehr richtet sich gerade gegen die Auflösung und wird nicht selten von dunklen Energien gefördert und erhalten. Sind wir wahrlich bereit zu sagen: „Herr, Dein Wille geschehe?“ Fühlen wir das Gegenteil, dann sollten wir an uns arbeiten, wenn wir wirklich weiterkommen wollen. Es ist der Eigenwille, der sich nicht anpassen möchte und denkt, dass er das doch sicher nicht noch einmal verdient hat. Vielleicht stimmt dies sogar, aber wenn die Angst noch vorhanden ist, kommt es nicht selten vor, dass man mit seinen eigenen Gedankenkräften genau das erreicht, was man vermeiden möchte. Doch dann ist niemand anderes schuld oder das Karma ungerecht, sondern es ist das Heranziehen dieser Energien, allein durch die ständig wiederholte Angst.

Ein wichtiger Aspekt in der aktiven Arbeit an sich selbst ist die Beobachtung der wahren Beweggründe im eigenen Inneren. Die meisten Menschen spielen in den verschiedensten Lebenslagen eine Rolle. Sie sind nicht sie selbst und bauen sich eine Schein-Persönlichkeit auf. Je öfter sie dies wiederholen, umso stärker wird auch die Schein-Persönlichkeit, welche auf der geistigen Ebene das wahre Sein stark verwirrt. Diese muss zudem immer wieder abgebaut und abgetragen werden. Hat man aus einem früheren Leben noch eine solche Schein-Persönlichkeit oder Reste einer intensiven Persönlichkeitsstruktur behalten, wird sie sich in den gegenwärtigen Auflösungswellen auch zeigen dürfen. Beobachten Sie sich einfach! Waren Sie in letzter Zeit einmal komplett verwirrt über ein bestimmtes Verhaltensmuster von Ihnen? Dann hat sich vielleicht eine solche Struktur gezeigt. Manchmal dauert es nur kurze Zeit, dann gelangen diese Bereiche zur Erkenntnis und auf den rechten Weg, und die angestaute Energie ist bald abgetragen. Andere Bereiche können länger benötigen. Dann tauchen vielleicht sogar alte Depressionen auf und müssen mühsam aufgelöst werden. Völlig unverständlich und unvorbereitet können solche alten Energien und Wesenszüge den Menschen erreichen und zur Auflösung drängen. Nehmen Sie auch diese möglichst liebevoll an und vertrauen Sie auf die Mithilfe einer höheren Welt.

Betrachten wir das Beispiel von Sandra. Sie musste schon sehr früh die Rolle des perfekten Kindes einnehmen, um nicht völlig abgewiesen und ausgeschlossen zu werden. Sie unterdrückte alle ihre Bedürfnisse und half der Mutter, obwohl sie auch gerne nach draußen zum Spielen gegangen wäre. Sie fragte die Mutter zaghaft und unterwürfig um Rat oder um Hinweise, wie sie die Hausarbeit machen sollte, da diese es gerne hatte, wenn sie etwas wusste und es der Tochter sagen konnte. Auch in der Schule war sie immer die Brave, damit sie vom Lehrer gelobt wurde und die Mutter immer nur Gutes erfuhr. Das setzte sich auch in ihren Arbeitsstellen fort, bis sie dann irgendwann durch leider anstrengende und mühsame Prozesse erfuhr, dass man sich selbst leben muss, damit man nicht krank wird oder die Zellen im Inneren das Ausbrechen aus den zwanghaften Lebenslagen übernehmen. Seine wahren Bedürfnisse nicht zum Ausdruck zu bringen oder sich nicht zu leben, verursacht mit der Zeit eine Krankheit im Körper und eine latente seelische Unzufriedenheit.

Bevor man jedoch den Mut aufbringen kann, sich wahrlich selbst zu leben, ist es natürlich wichtig, sich auch zu prüfen, ob das Wollen nicht aus dem Eigenwillen stammt. Oft stecken Ängste dahinter keine Zukunft oder kein Leben zu haben, nicht geliebt, nicht angenommen oder auch verlassen zu werden. Alte Muster, man müsse immer nur gut sein oder zumindest gut dastehen, sind ebenfalls häufige Hintergründe. Manchmal sind es aber auch Züge von Lau-Sein, an denen unbedingt gearbeitet werden sollte. Vielleicht sind innere Bereiche so be-leid-igt, dass sie sich verschlossen haben und keine Kraft mehr einsetzen für die persönliche Entwicklung. Das Wachrütteln dieser Bereiche ist natürlich sehr wichtig.

Die einzige Art, den Mut für das Leben aufzubringen und für sich einzustehen, besteht in der Auflösung alter Ängste, der Annahme von allem, was das Leben als Arbeitsfeld für uns vorgesehen hat, absolutes Vertrauen in die Göttliche Führung und der Bereitschaft, auch das anzunehmen, was uns die Ängste als nicht akzeptabel vorspielen.

Ein intensives altes Muster besteht auch darin, dass man sich vor den Verurteilungen der Mitmenschen, also vor deren negativer Energie, bewahren oder sein Ansehen erhalten möchte. Hat man davor Angst, trägt man meist selbst noch einen Persönlichkeitsanteil in sich, der auch noch urteilen möchte und somit negative Energie auf den anderen übertragen würde. Die Angst, dass man verurteilt wird oder das Ansehen verliert, macht deutlich, dass noch eine gleichgeartete Energie im Inneren vorhanden ist. Dann muss man zuerst mit sich selbst arbeiten und die inneren Anteile auf ein liebevolles Miteinander einschwingen.

Betrachten wir einen Menschen, der sich mit sehr vielen Anteilen seines Wesens bereits auf dem Weg der Liebe und des Lichtes befindet. Diesem würde es gar nicht einfallen, einen Menschen zu verurteilen, der ihm vielleicht mitteilt: „Chef, es tut mir leid, aber an der Wursttheke muss ich immer würgen. Ich bin Vegetarierin und kann den Wurstgeruch kaum ertragen. Können sie mich nicht woanders einsetzen?“ oder „Können Sie mich im Dienstplan bitte so vermerken, dass ich nicht mit Frau Soundso zusammenarbeiten muss. Wir können nicht miteinander, und die Situationen sind immer unmöglich!“ Wenn eine Bitte oder ein Bedürfnis einem Menschen mitgeteilt wird, der selbst auf dem richtigen Weg ist, wird er dies kaum abschlagen, da er den wahrhaften Wunsch fühlt und keinen Eigenwillen.

Oder jemand fragt einen wirklichen Freund, ob er ihm am Wochenende helfen könne, die Hecken zu schneiden. Dieser sagt ihm aber, dass es ihm gar nicht gut gehe und er lieber nicht helfen, sondern sich erholen möchte. Würde ein wahrer Freund das nicht verstehen? Doch viele Menschen sind in sich selbst gefangen und werden ärgerlich, anstatt zu erkennen, dass das Gegenüber im Moment andere Nöte und Bedürfnisse hat. Es kommt immer wieder vor, dass ein Freund kurz enttäuscht wirkt, doch ist es das weitere Vorgehen, das ihn auszeichnet und aufzeigt, dass er nicht nur an sich selber denkt.

Viele Menschen lösen sich gerade von alten Beziehungen und Freundschaften, da sie erkennen müssen, dass diese sehr stark auf Egoismus aufgebaut sind. Sie sind nicht mehr bereit, das Ego des anderen zu befriedigen, immer nur als Mülleimer für seine Probleme herzuhalten oder zu helfen, wann immer man gerufen wird. Es entsteht immer mehr ein Gefühl für die Wahrheit, und man fühlt, welche Menschen einem wohlgesonnen sind und welche sich über einen stellen.

Es ist sehr wichtig, sich selbst zu leben, wahrhaftig zu sein und wenn möglich auch immer die Wahrheit auszudrücken. Ärger, Zorn, Ablehnung und Wut werden nur von eigenwilligen und lieblosen Teilen gefühlt. Das wahre Sein spielt sich in der Nächstenliebe ab. Dass diese Ideale im Geschäftsleben nicht immer umsetzbar sind und man mitunter „politisch" vorgehen muss, um wichtige und notwendige Geschäftspartner nicht zu verlieren, müssen wir wohl noch hinnehmen. Doch der Versuch, auch hier mehr zu einem liebevollen und aufrichtigen Miteinander zu kommen, sollte immer mehr gefördert werden. Wichtig ist, dass man immer weiter an sich selbst arbeitet, um möglichst authentisch und wahrhaftig zu bleiben.

Sehr viele Menschen sehen sich in der jetzigen Neuausrichtungs- und Aufarbeitungsphase vor das Thema des Beurteilens gestellt. Sie erleben plötzlich, dass der Mensch, den sie noch vor kurzem für arrogant und unnahbar gehalten haben, doch ein ganz feiner Kerl ist und man sich mit ihm wirklich gut unterhalten kann. Oder sie bewerten die Frau vor ihnen als hochnäsig, doch sie hat sich nur aus einer wochenlangen Unterdrückung befreit und nun einmal richtig ihre Meinung gesagt. Viel zu schnell und viel zu heftig sind wir dabei, andere Menschen und Situationen zu beurteilen. Doch in den meisten Fällen hat man gar nicht das notwendige Hintergrundwissen, um auch nur annähernd werten zu können. Selbst in den Nachrichten oder auch in manchen Dokumentationen werden wir nicht richtig informiert, sondern sollen uns nur die Meinung bilden, aufgrund unserer vorschnellen und oft vorgefertigten Verurteilung, welche die politische Richtung vielleicht für uns gerade vorgesehen hat. Man sollte sich aufrichtig bemühen, keine Verurteilungen oder Bewertungen abzugeben. „Richtet nicht, damit nicht über euch gerichtet werde!" Dies ist ein entscheidender Hinweis, um wirklich mehr Liebe in den Alltag fließen zu lassen. Doch nicht selten sind Bereiche im Menschen vorhanden, welche noch alte Unterdrückungen oder Gefühle von Wut in sich tragen. Diese versuchen, sich über Verurteilungen Luft zu machen, da sie noch keinen anderen Weg gefunden haben, um mit den angestauten Energien umzugehen.

Doch auch hier können die inneren Bereiche „geleert" werden, damit die höhere Liebe wieder fließen kann. In der bewussten Hinwendung, im inneren Dialog und in der aktiven Ausrichtung auf den Strom der Liebe können diese Bereiche gewandelt werden, damit sie nicht gleich werten und urteilen, sondern von einer höheren Kraft gelenkt werden. Doch nicht selten stoßen wir hier auf innere Widerstände.

Nehmen wir das Beispiel von Klaus. Er hat in einem spirituellen Seminar, welches sich mit dem Thema „Personal Coaching" beschäftigte, erfahren, dass er eine starke Energie zur Unterdrückung von Frauen ausstrahlen würde. Er war wie geschockt. Wie konnten diese Menschen an ihm herumnörgeln und etwas aussprechen, was er bestimmt nicht in sich trug. Er wurde wütend, schimpfte und verließ am nächsten Tag das Seminar. Das hatte er wirklich nicht nötig. Er wollte gut sein und gut dastehen. Ein innerer Bereich, der tatsächlich auf Macht über Frauen ausgerichtet war, hatte ihn so stark unter Kontrolle, dass er nicht zulassen wollte, erkannt zu werden und ins Bewusstsein zu treten. Durch seine eigene innere Beeinflussung verbarg Klaus diesen Teilbereich und konzentrierte sich auf den Rest seines Wesens, welcher bereits sehr liebevoll und spirituell war.

Doch sein wahres Inneres hatte ihn zu diesem Seminar bewegt, da es genau wusste, dass dieses Thema angesprochen werden würde. Der genannte Seelenaspekt war jedoch noch so stark von eigenwilligen Machtstrukturen gefangen, dass er sich in Wut und Ablehnung stürzte. Ganz kurz nur ließ er zu, über das Thema nachzudenken und seine Verhaltensweisen zu überprüfen. Er erkannte, dass hier durchaus noch etwas im Argen lag, doch ganz schnell wirkte sein innerer Teil dagegen, da er sich erhalten und Kontrolle über ihn ausüben wollte.

Deshalb ist es sehr wichtig, sich zu prüfen, ob einen etwas ärgert, was andere sagen. Ärgern werden sich nur angesprochene Teilbereiche, denn die Liebe im Inneren wird sich nicht ärgern, wenn ein anderer eine Fehldiagnose stellen sollte. Je weiter man auf dem Weg der Liebe vorangeschritten ist, umso mehr fühlt man sich von der Geistigen Welt geliebt, und es wird einen eine negative Aussage anderer Menschen nicht mehr so treffen. Doch auch hier zeigt sich in dieser Übergangszeit immer wieder, mitunter sogar auf sehr starke Weise, dass die noch unsortierten Teilbereiche im Menschen viel Kraft erhalten, damit sie sich zeigen und vom Menschen angeschaut werden können. Wie der Einzelne damit umgeht, bleibt natürlich ihm überlassen.

Auch die Rechtfertigung der eigenen Person ist ein wichtiges Thema. Hier kann das Thema Schuld eine Rolle spielen, oder Ego-Bereiche wollen einfach immer „die Besten“ sein, da sie irgendwann sehr viel Demütigung und Unterdrückung erfahren haben.

Hier zeigt sich bereits der Schlüssel zur Auflösung. Hinter den Bedürfnissen stecken Mangel und Schmerz, und nur wahre Liebe und wahre Hingabe können den Mangel dauerhaft beheben und den wahren Weg aufzeigen. Nur dem Ego ist seine Sicht der Dinge am Wichtigsten.

Hier soll nicht der Eindruck vermittelt werden, dass man die Wahrheit nicht kundtun oder missverstandene Situationen nicht aufklären sollte. Hier geht es ausschließlich um den inneren Drang zur Rechtfertigung. Fühlt man diesen Drang, kommt er in den meisten Fällen von Teilbereichen, welche die höhere Kraft noch nicht in sich tragen. Die Wahrheit muss sich nicht rechtfertigen. Sie kommt immer ans Licht, und das Göttliche Gericht wird immer die Wahrheit wissen.

Besonders in den ersten Minuten des Wachseins am Morgen oder kurz vor dem Einschlafen kann man tiefe Impulse erhalten. Am Anfang kann das sofortige Aufschreiben eine gute Möglichkeit sein, um diese Erkenntnisse für das Tagesbewusstsein zu bewahren. Oder Sie gehen in eine tiefe Ruhe. Dann kann Ihnen Ihre geistige Führung im Frieden der Meditation notwendige Impulse übermitteln und mithelfen, energetische Blockaden aufzulösen.

Sehr oft wollen einen die eigenen inneren Teile verwirren und unbedingt ihr Programm aufrechterhalten. Sie machen uns vor, dass ein anderer Schuld hat, und verzerren so die Wahrheit. Dann ist es wichtig, die Erkenntnisse der Wahrheit über den Verstand zu nutzen und mit höheren Gedanken und Gefühlen die Lage zu entschlüsseln.

Bei vielen Verarbeitungen, Aufgaben und Anforderungen, welche auf dem Lichtweg an den Menschen gestellt werden, entsteht vielleicht manchmal ein Gefühl von Überforderung oder Mutlosigkeit. Dann ist es wichtig, sich auch für die bisher geleistete Arbeit zu loben. Machen Sie sich bewusst, wie viel Sie bereits erreicht haben und welcher Segen es ist, die Wahrheit ins Bewusstsein zu heben. Sie erkennen sich selbst und gleichzeitig die Wahrheit der Welt. Diese Botschaften Ihrer geistigen Führung sind der wahre Weg. Es ist das Schwerste, was es auf dieser Welt gibt, und gleichzeitig das einzig Wahre. Mit einer positiven Gedankenkraft für den bisherigen Weg und die erreichten Ziele stärken Sie die Kraft, die Ihnen zufließt und Sie weiterhin fördert.

So oft bekommen wir auch für unseren Alltag von der Geistigen Welt wertvolle Hinweise – nur hören wir nicht darauf. Sofort kommt der Verstand mit seinem in dieser Welt angelernten Wissen und sagt uns, dass wir die Tante jetzt nicht anzurufen brauchen, denn wir haben sie doch erst letzte Woche angerufen, und dann hören wir zwei Tage später, dass sie gestorben ist. Der Verstand kann helfen zu analysieren, aber über Weisheit aus den höheren Ebenen oder wahre Intuition verfügt er niemals. Machen Sie sich die Mühe und folgen Sie Ihren inneren Impulsen. In der Regel ist immer der erste Impuls der richtige. Folgen Sie ihm, Ihre geistige Führung wird dies registrieren und Sie mit immer mehr Informationen bereichern.

Wenn Sie möchten, können Sie sich die nachfolgenden Fragen am Abend oder vor Ihrer Meditation stellen. Sie beziehen sich nicht auf die Ablösung von Altlasten, sondern sind für die Stärkung der Tugenden und der inneren Kräfte im Menschen gedacht.

Fragen der Selbsterkenntnis

- Fühle ich Widerstände gegen bestimmte Dinge, Lebenslagen oder Personen in mir?
- Gegen was lehne ich mich auf?
- Was möchte ich nicht annehmen?
- Fühle ich Wut in mir?
- Habe ich anderen Menschen oder Situationen die Schuld für meine Lage zugewiesen?

- Bin ich schnell dabei, mich zu rechtfertigen?
- Bin ich unzufrieden über bestimmte Situationen oder mit dem Verhalten meiner Mitmenschen?
- Will ich etwas unbedingt?
- Habe ich heute Angst gefühlt?
- Habe ich jemanden verurteilt?
- Habe ich Menschen oder Situationen vorschnell bewertet?

Sie können sich einzelne Themen wählen und nach Belieben einsetzen, oder Sie nehmen die Worte, wie sie für die nachfolgende Meditation vorgeschlagen werden.

Setzen oder legen Sie sich wieder entspannt hin und sorgen Sie dafür, dass Sie möglichst nicht gestört werden. Atmen Sie einige Male tief ein und aus und versuchen Sie, sich im ganzen Körper zu entspannen. Sie können sich nun die eigene Situation vorstellen und dann die Zeilen lesen oder vorsprechen. Oder Sie überlassen es der geistigen Führung, welche Energien heute für Sie anstehen. Auch wenn Sie aktuell mit keiner inneren Situation konfrontiert werden, können Sie sich weiter läutern, indem Sie die Meditation mit den nachfolgenden Worten durchgehen. Lesen Sie die Zeilen mit Hingabe und Liebe. Schließen Sie die Augen. Lassen Sie geschehen, was geschehen soll. Bleiben Sie im Vertrauen, und lassen Sie sich von der Weisheit der Schöpferkraft führen.

Höchste Weisheit und vollendetes Sein,

in Deine Hände legen wir unseren Geist und unser ganzes Wesen.
Bitte führe uns auf dem Weg in das Licht Deiner Liebe und stärke uns in der Arbeit an uns selbst.
Durchdringe uns kraftvoll mit den höchsten Ordnungskräften und schenke uns die Klarheit Deiner Führung.
Bitte ordne unsere Unvollkommenheiten und durchdringe sie mit Deiner Weisheit,
Lasse Deine Liebe die Basis unseres Handelns sein und schenke uns Deine Kraft, damit wir sie in unserem Leben verwirklichen können.
Liebe – Erkenntnis – Wahrheit – Kraft
Mögen sie die Stufen auf dem Weg zu Dir sein.

Von Herzen danken wir Dir für Deine Liebe.

Das nachfolgende Gebet können Sie nutzen, wenn Sie an Ihren Ängsten arbeiten und diese in das Vertrauen des Höchsten legen möchten.

Höchste Schöpferkraft,

mit all unserem Sehnen bitten wir Dich um Deine Führung.
Durchdringe unsere angstvollen Teile mit Vertrauen, Kraft und Liebe.
Bitte löse die alten Schocks und lasse uns teilhaben am Frieden Deiner Nähe.
Wir bitten Dich um Vergebung und um die Kraft des Loslassens und der Hingabe, für uns selbst und unseren Nächsten.
Bitte erfülle uns mit Deinen Ordnungskräften und lasse uns teilhaben an der Fülle Deiner Liebe.

Von Herzen danken wir Dir.

21

Harmonische Gedankenkräfte

Der Eigenwille glaubt immer, dass er es besser kann. Er dünkt sich immer klüger und weiser. Er ist überzeugt, das Recht zu haben, andere zu unterdrücken, um seinem Willen zu dienen. Nicht selten erreicht er es so über eine lange Zeit, den Menschen in seiner Programmierung festzuhalten und die höhere Liebe zu blockieren. Menschen im Eigenwillen oder in eigenwilligen Mustern reden immer besonders laut. Sie wollen sich stets behaupten, da sie es ja besser wissen und glauben, dass die anderen einfach nichts können. Missgunst und in der Folge Hass und Zorn sind die Wege des Eigenwillens.

Doch in der jetzigen Zeit wird der Mensch immer mehr auf die Auswirkungen des Eigenwillens in der Welt aufmerksam gemacht. Wir müssen uns nur umschauen – alles bricht zusammen. Man zeigt uns deutlich auf, wohin eine Welt des Eigenwillens den Menschen führen wird.

Da Sie dieses Buch nun bis zu seinen letzten Seiten durchgearbeitet haben, sind Sie mit Sicherheit bereits Bürger/in der neuen Zeit. Sie fühlen, dass die Wandlung einsetzen und zuerst bei uns selbst beginnen muss. Die Überprüfung der Gedanken und Emotionen sind die Basis der Arbeit an uns selbst und weisen uns den Weg zu höheren Gedanken und wahren Gefühlen. In Harmonie mit der Geistigen Welt, welche sich uns immer mehr offenbaren wird, können wir dieses Ziel erreichen – zuerst in uns selbst und dann im Äußeren. Da jedes Streben und jedes Bemühen um mehr Liebe und Licht auf dieser Erde immer auch in das kollektive Feld wirkt, ist keine Mühe und keine Arbeit umsonst, auch wenn sich Vieles nicht sofort verändern lässt.

Wir selbst erschaffen unsere Energien. Wir selbst können zu einer liebevollen Veränderung beitragen. Jede harmonische und liebevolle Gedankenstruktur erschafft eine Realität des Lichtes, mehr Nähe zur Geistigen Welt und eine kraftvolle Aktivität auf dem Weg der Liebe.

In unsere Welt strömen seit kurzem noch lichtvollere Energien, welche jedem Menschen helfen, sich auf die innere Stabilität zu konzentrieren und die hohen Impulse besser umzusetzen. Die Erde wird mit uns den Sprung in die nächste Ebene vollziehen. Wir können ihr zutiefst dankbar sein, dass sie uns all die Zeit als Aufstiegsort, als Heimweg-Pforte gedient hat. Wir haben sie geschändet und verdreckt, und dennoch ist sie in Liebe mit uns Menschen verbunden. Sie genießt es, wenn wir ihr in der Meditation oder im Gebet Gedanken und Gefühle der Liebe und der Dankbarkeit übermitteln. Sie ist ebenfalls am Ende ihrer Kraft und freut sich auf den Übergang.

Bleiben Sie bewusst und seien Sie stark auf dem Weg in das Licht der Liebe. Es wird nicht mehr lange dauern, und die Menschen, welche sich geistig den höheren Schwingungen geöffnet haben, werden von einer besonderen Art von Energie durchdrungen. Diese stärkt die Menschen und gibt ihnen Kraft, die Wege mutig und vertrauensvoll zu gehen.

Die innere Wahrnehmung wird sich signifikant erhöhen, und die geistigen Kräfte werden aktiviert und auf die höhere Ordnung eingestellt. Dies ist eine wunderbare Zukunft, und wir können auf sie vertrauen, auch wenn es im Moment in der Welt noch nicht danach aussieht.

Das Licht der Liebe wird immer stärker und wird sich am Ende durchsetzen. Die Wahrheit wird überall offenbar, und die Menschen werden in Harmonie und Nächstenliebe miteinander leben. Es ist die größte Kraft und der liebevollste Wegweiser, den wir uns vorstellen können.

Von Herzen wünsche ich Ihnen alles Liebe und stets den Segen der höchsten Quelle.

Die eigene Aura bewusst schützen
Selbstschutz durch Geisteskraft

Meditationen und Gebete, die auf einfache, aber wirkungsvolle Weise die menschliche Aura zu schützen vermögen. Ein wirksamer Schutz für schwierige und kraftraubende Situationen des Alltags.

CD Aura-Schutz im Alltag
Gebete und Meditationen
Gesprochen von Manuela Oetinger
mit Musik von Sandelan untermalt
ISBN 978-3-89427-473-3

Weitere lieferbare Titel der Autorin:

Die Aura – Tore zur Seele
Taschenbuch, 220 Seiten, 978-3-89427-546-4

Die Aura – Die Energiefelder des Menschen
Paperback, 192 Seiten, 978-3-89427-173-2

Leicht SEIN!
Hardcover, 216 Seiten, ISBN 978-3-89427-367-5

Beziehungen im Spiegel der Aura
Paperback, 220 Seiten, ISBN 978-3-89427-282-1

Schutz- und Heilungs-Gebete für Kinder
Hardcover, 144 Seiten, ISBN 978-3-89427-348-4

Chakras
Hardcover, 208 Seiten, ISBN 978-3-89427-311-8

Karma und Freiheit
Pbk., 150 Seiten, ISBN 978-3-89427-260-9

Die Aura im täglichen Leben
Pbk., 144 Seiten, 170 Seiten, ISBN 978-3-89427-250-0

Manuela Oetinger

Manuela Oetinger
Transformation und Zeitenwandel
Hardcover, 168 Seiten
ISBN 978-3-89427-522-8
Es ist nicht mehr zu bestreiten, dass die Menschheit vor einem großen Umbruch steht. Alle Zeichen – innere wie äußere – weisen auf einen tiefgreifenden Wandel hin. Manuela Oetinger zeigt in ihrem weit vorausschauenden Buch auf, wie die kommenden Veränderungen aussehen werden und wie man sich darauf vorbereiten kann.
Die Zeitenwende wird keinesfalls einen „Weltuntergang" auslösen, sondern im Gegenteil einen inspirierenden Aufbruch in eine neue Dimension des Bewusstseins bewirken. Die Menschheit wird zu ihrer wahren spirituellen Größe erwachen und alle alten Begrenzungen überwinden. Es beginnt eine neue Epoche, die von Schönheit, Weisheit und Harmonie bestimmt wird. Allerdings wird der nahe bevorstehende Transformationsprozess nicht ohne Erschütterungen verlaufen, weshalb man sich geistig auf die inneren und äußeren Verwandlungen einstimmen sollte. Hierfür enthält das Buch viele praktische Ratschläge.
Ein aufrüttelndes Werk, das wertvolle Hinweise für die kommenden Jahre mit ihren dramatischen Veränderungen enthält!

Die CD zum Buch:
Transformation
und Zeitenwandel
Wie man sich auf
die große Veränderung vorbereitet

Gebete und Meditationen
gesprochen von Manuela Oetinger

ISBN 978-3-89427-532-7